Ján Lacika

Tatra

Zusammengestellt von: Daniel Kollár

TATRA

2. Ausgabe, 2006

Autor: Ján Lacika
Zusammengestellt von: Daniel Kollár
Herausgeber: Daniel Kollár und Peter Augustini
Übersetzung: Roman Cvrkal
Lektorat: Astrid Cvrkal-Linke
Verantwortlicher Redakteur: Daniel Kollár
Fotografien: Ján Lacika, Gabriel Lipták, Peter Augustini und Ladislav Janiga
Kartenausschnitte: VKÚ, a. s., Harmanec und Ján Lacika
Design und Typographie: Ján Hladík
Druck: VKÚ, a. s., Harmanec

Dieses Buch erscheint gleichzeitig in slowakischer, englischer, deutscher, russischer, polnischer und ungarischer Sprache.

Tel./Fax: +421 2 4463 1702
info@dajama.sk
www.dajama.sk

ISBN 80-88975-96-4

Liebe Leser,

der Verlag DAJAMA wirbt im Rahmen seiner Editionsreihe Wir erkunden die Slowakei für die Regionen der Slowakei und widmet sich der Veröffentlichung von Publikationen über die geographisch-historischen Regionen des Landes. Im Rahmen dieser Editionsreihe erschienen bereits Bücher über die Regionen Orava-Arwa, Liptov-Liptau, Tatra, Spiš-Zips, Gemer und Turiec und zwar nicht nur in slowakischer, sondern auch weiteren Sprachen. Das Interesse an einigen Titeln und Regionen ist groß und deshalb haben wir im Jahr 2006 die zweite Auflage des Titels Tatra vorbereitet, die jetzt erscheint. Im Einklang mit unserer Philosophie erfolgt die Veröffentlichung in sechs verschiedenen Sprachen: Slowakisch, Englisch, Deutsch, Ungarisch, Russisch und Polnisch.

Die neue Ausgabe des Titels Tatra hat, ähnlich wie die früheren Publikationen, den Charakter eines Reiseführers und enthält:

- Grundcharakteristik der natürlichen Verhältnisse der Region, ihrer Geschichte, Einwohner und Ansiedlungen,
- Topographie der Ansiedlungen am Fuß der Tatra mit ihren bedeutendsten kulturhistorischen Sehenswürdigkeiten und vor allem natürlichen Sehenswürdigkeiten,
- Tipps für Ausflüge aus den Tatragemeinden in die umliegenden Täler und zu den schönsten Spitzen der Tatra
- Zusammenfassung der schönsten Fuß- und Radwanderrouten,
- Tipps für Skifahrer und praktische Informationen für Besucher.

Wir hoffen, dass die neue graphische und inhaltliche Struktur, sowie die Gliederung der einzelnen Kapitel einen besseren Überblick über das Gebiet vermittelt, dessen Winkel jeden Besucher bezaubert. Denn auf der Landkarte Europas findet man nur wenige vergleichbare Regionen. Viele Lieder und Gedichte beschreiben die Slowakei als „Land zwischen Tatra und Donau". Die Tatra ist der slowakische Edelstein und verdient durch die ungewöhnliche Konzentration natürlicher Schönheit den Namen „Miniaturalpen". Auf kleiner Fläche (341 km^2, davon 260 km^2 auf slowakischer Seite) findet man, außer Gletschern, fast alles, was auch die Alpen bieten. Die Tatraspitzen sind die höchsten im gesamten Karpatenbogen und haben in Europa nördlich und östlich der Alpen keine Konkurrenten.

Die attraktivsten Orte sind im Text detailliert beschrieben und ihre Attraktivität wird durch Sterne bewertet. Dank ihrer Lage bietet die Tatra wunderschöne Aussichten auf die einzelnen Gebirgsteile, die Täler und Spitzen. Zu den malerischsten gehört der Blick aus den Talkesseln Liptovská und Popradská kotlina, sowie aus mehreren Tälern und von den Spitzen. Wir haben uns bemüht alle durch alte und gegenwärtige Aufnahmen einzufangen, möchten mit Fotografien und Illustrationen den Leser zu einem Besuch der bedeutendsten Fremdenverkehrsregion der Slowakei inspirieren und die schönsten Orte einer breiten Öffentlichkeit erschließen.

Daniel Kollár
Peter Augustini

INHALT

TATRA

LAGE

Die Lage der Tatra lässt ihre Schönheit und Grösse voll zur Geltung kommen. Sie gleicht drei Edelsteinen, die in einen Ring von Kesseln und Bergen der Nordslowakei eingebettet sind. Die Hohe Tatra liegt in der Mitte dieses wundervollen „Natur-Schmuckstückes", zwischen der West-Tatra und Belianske Tatry [Belaer Tatra].

Die Tatra ist ein Grenzgebirge. Auf dem Gebiet der Slowakei liegen vier Fünftel und das restliche Fünftel gehört Polen. Die polnische Grenze trennt das Gebirge im Norden. Im nord-westlichen Teil der Hohen Tatra verläuft die Grenze auf dem Hauptkamm entlang, parallel zum Breitengrad. Auf dem Gipfel des Rysy dreht sie nach Norden auf die Seitenausläufer der Spitzen Žabie štíty und neigt sich zum Boden des Tales Bielovodská dolina. Hier wird anstelle des Bergkammes der Bach Biela voda zur Grenze. Die gesamte Belaer Tatra liegt auf dem Gebiet der Slowakei.

Die Westgrenze der Region der **Hohen und Belaer Tatra** ist mit der Grenze zwischen der West- und der Hohen Tatra identisch. Sie führt vom Pass Ľaliové sedlo im Hauptkamm der Tatra über den hinteren Teil des Tales Tichá dolina zum Pass Závory im Seitenkamm des Gebirges Liptovské kopy. Vom Pass Závory sinkt sie auf den Grund des Tales Kôprová dolina und zieht sich weiter über seine Achse bis zum Dorf Podbanské. Im Süden fallen die Berghänge steil in den Kessel Popradská kotlina, der im Osten des Kessels Popradská kotlina liegt. Das Tatra-Gebirge ist Verbindungsstück zwischen Kessel, Gebirge und dem Südrand der Region. Die Nord- bzw. nord-östliche Grenze bildet die Furche Podtatranská brázda. Auf dem Gebiet der Tatra heisst diese langsgezogene Vertiefung Ždiarska brázda und trennt die Belaer Tatra von der Zipser Magura.

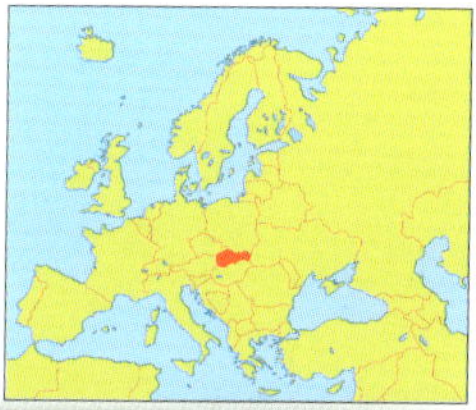

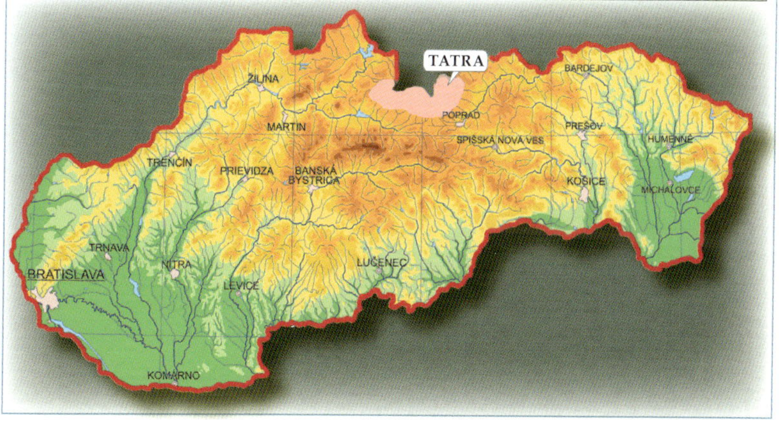

LANDESNATUR

Die Tatra ist wie ein Edelstein in die Mitte des Ringes von Talbecken und Mittelgebirgen gesetzt. Das niedrigere, umliegende Land bietet von allen Seiten eine vollkommene Panorama-Sicht auf dieses schönste Gebirge der Slowakei. Die charakteristische Silhouette der Tatra, mit ihren schroffen Zacken, erkennt man am Horizont bei günstigem Wetter schon aus weiter Entfernung.

Die Tatragipfel ragen 2000 m über dem südlichen Talbecken auf. Sie sind die höchsten Berge, nicht nur der Slowakei, sondern auch des 1 200 km langen Karpatenrundbogens, ein Blick in den Atlas sagt uns sogar, daß es nördlich der Alpen keine höheren Gebirge gibt. Zehn Gipfel erreichen eine Höhe von 2 600 m, die anderen fünfzehn sind mehr als 2 500 m hoch. Der Berg Moldoveanu im zweiten, größten Karpatengebirge Fagaraš (Rumänien) wäre in der Tatra erst an 16. Stelle. Das zweitgrößte Gebirge der Slowakei, die Niedere

1 Zirbelkiefer im Tal Malá Studená dolina 2 Spitze Gerlachovský štít 3 Belianske Tatry

Tatra, ist mehr als 600 m niedriger; der Ďumbier, ihr höchster Berg, würde in der Hohen Tatra nur irgendwo an 200-ster Stelle sein. Die Kinder lernen in der Schule, daß das Gestein der Tatra der Granit sei. Das ist aber nicht exakt, weil wir die Tatragranite nach der Mineralstruktur als „biotische Granodioriten" bezeichnen. Im geologischen Bau der Tatra sind sie dominant, da sie zirka vier Fünftel des ganzen Massives aufbauen. Zwischen den Granodioriten finden sich nur sporadisch andere Gesteinsarten, wie Gneise, Glimmerschiefer, Migmatiten und andere kristalline Schiefer. Durch den Nordteil des Massives zieht sich die Zone der gefalteten, mesozoischen Sedimente. Im Westen reicht sie ins Massiv des Sivý vrch, kreuzt das Tal Roháčska dolina und erstreckt sich hinter dem Osobitá weiter nach Osten bis in die polnische West-Tatra. Auf das slowakische Gebiet kehrt die Zone am Ende des Tales Tichá dolina, im Gebirge Červené vrchy, zurück. Im Seitenkamm des Tales Široká dolina grenzt sie an die Hohe Tatra und endet

1

mit den Belianske Tatry. Der nördliche Sedimentsaum der Tatra hat eine große Gesteinsvielfalt. Es finden sich hier Kalkgesteine, Dolomite, Grauwacke, Sandsteine und Schiefer. In den Kalksteinschichten treffen wir auf verschiedene Karsterscheinungen. In den Belianske Tatry sind das Höhlen und Karstgruben, im Hochgebirgsland von Červené vrchy, in der West-Tatra, finden wir auch tiefe Karstschluchten.

Die Tatra ist eine relativ junge Bergkette. Ähnlich wie die Karpaten, die Alpen, oder das Balkangebirge gehört sie zum sog. „Alpidischen Europa". Die Formen der vortertiären Tatra verloren sich bald. Sie wurden von den Vorgängen der jüngeren, geologischen Zeiten vernichtet. Die einzigen Zeugen jener beendeten Orogenesen, die sich im Paläozoikum und Mesozoikum abgespielt haben, blieben die Gesteine, die das größte Karpatengebirge bauen. Die im stummen Felsen verborgenen Geheimnisse entdecken

2

1 Ganek 2 Tupá vom Pass Sedlo pod Ostrvou aus
3 Panorama der Tatra vom Talkessel Popradská kotlina aus

3

1

nur die geduldigen Hände der Geologen. Sie lesen aus den Gesteinen wie die mesozoische Tatra ausgesehen hat. Infolge der Denudation tauchte sie im älteren Tertiär in die Wellen des tropischen Meeres ein. Die Sedimente dieses Meeres finden wir in der Füllmasse der benachbarten, am Fuße der Tatra liegenden Becken.

Die heutige Gestalt der Tatra begann sich erst in der Zeit des jüngeren Tertiärs vor ca. 15 – 20 Millionen Jahren abzuzeichnen. Man nimmt an, daß die Tatra anfangs nur ein niedriges Mittelgebirge, ohne Felsgebirgskämme und ohne tiefe Bergseen, war. Der Torso der

2

Oberfläche der tertiären Tatra könnte z. B. der Sattel Lúčne sedlo über dem Bergsee Popradské pleso sein. Erst die letzten zwei Millionen Jahre brachten für die Tatra maßgebende Veränderungen, die ihr die heutige Gestalt gaben. Diese Veränderungen entstanden besonders durch tektonische Bewegungen, aber auch Gletscher wirkten mit. Vulkanische Kräfte unter der Tatra hoben das Gebirge über die umliegenden Becken und Furchen. Im Quartär waren die Tatratäler mehrmals mit Gletschern gefüllt und die Bergkämme wurden zu einer rauhen, ungastlichen

Tundra und einer kalten steinigen Wüste.

Man nimmt an, daß im Quartär die Tatra mindestens dreimal vom Eis bedeckt war. In der letzten, der dritten Vergletscherung, die vor 70 tausend Jahren begann und ca. 60 tausend Jahre dauerte, kam die riesige Inlandvereisung von Schweden dem Fuß des Tatragebirges ca. 250 km nahe. Die Schneegrenze im Bereich Mitteleuropas sank unter die 1 700 m Grenze und 33 Tatratäler (auf slowakischem Gebiet) wurden von Talgletschern gefüllt. Neben ihnen gab es in der Tatra auch eine Menge von Kesselfeldern. In der Zeit der größten Eisexpansion bedeckten die Gletscher ein Gebiet von 15 000 ha. Stärker vergletschert war der südliche Teil des Gebirges. Die südlichen Gletscher erstreckten sich über eine Fläche von 8 470 ha, die nördlichen über 6 530 ha. Der längste

1 Tatra von der Spitze Lomnický štít aus 2 Pass Lúčne sedlo
3 Spuren alter Gletscher im Tal Mlynická dolina 4 Vysoká über dem Wolkenmeer

1

Gletscher im nördlichen Teil der Tatra befand sich im Tal Bielovodská dolina. Seine Gletscherzunge war 14 km vom Kar unter dem Hauptkamm entfernt. Nach der Lage der seitlichen Moräne war die Gletschermasse bis 330 m dick. Auf der südlichen Berglehne fanden sich die größten Gletscher in den Tälern Kôprová dolina (12, 5 km) und Mengusovská dolina (10, 7 km). Die letzte Eiszeit endete vor ca. 10 000 Jahren. Im erwärmten Klima schmolzen die Gletscher der Tatratäler im Laufe einiger Jahrhunderte ganz. Die Stirnseiten der Gletscher zogen sich schnell aufwärts in die kälteren, schattenreichen Kare zurück, um auch dort den Wirkungen immer wär-

2

1 Krčmárov žľab im Tal Velická dolina **2** Belianske Tatry **3** Wanderung

merer Sonnenstrahlen zu erliegen. Die letzten der kleinen Gletscher sind vor ca. 8 000 Jahren geschmolzen.

Eine große Veränderung bedeutet das fortlaufende Verschütten der Täler mit Geröll. Nach der Schmelze ging der Eisschutz verloren. Von den nackten Felswänden, steilen Talkesseln und spitzen Rippen kommen nun die Steinschläge zu Tal. In einem Prozeß langsamer, aber kontinuierlicher Erosion rollen sowohl kleineres Geröll, wie auch ganze Felsbrocken über die großen, bauchigen Moränenkegel hinunter. Es kann auch einmal passieren, daß große Felsblöcke urplötzlich in ein Tal abstürzen. Die Zeugen dieser dramatischen Ereignisse sind Aufschüttungen von ungleichartigen Felsen, die wir in einigen Tatratälern finden. Unter solchen Geröllkegeln verschwinden auf den Gletscherkarsohlen auch die schönsten Juwelen des Tatragebirges – die Bergseen.

Die **Hohe Tatra** könnte man als einmalige Ansammlung landschaftlicher Schönheit bezeichnen – die den Beinamen „Miniatur-Alpen" wirklich verdient. Auf einer Fläche von 431 km^2 (der slowakische Teil umfaßt 260 km^2) findet sich fast alles, was auch das große

Alpenmassiv (vielleicht außer den Gletschern und Steinböcken) an Schönheit der Bergwelt bietet. Der Hauptkamm der Hohen Tatra ist 26 km lang. Er zieht sich vom Sattel Ľaliové sedlo (1 952 m) im Westen bis zum Sattel Kopské sedlo (1 749 m) im Osten. Sein westlichster Gipfel ist Svinica (2 300 m) und der letzte Berg im Osten heißt Jahňací štít (2 229 m). Der Hauptkamm hat die Form eines nach Süden gebogenen Rundbogens. Der Hauptkamm fällt fast nie unter die 2 000 m Grenze - seine höchste Erhebung ist die Spitze Ľadový štít (2 627 m). Die Mehrheit der Spitzen im Hauptkamm erreicht eine Höhe von 2 400 m bis 2 500 m.

Vom Hauptkamm der Hohen Tatra gehen Seiten-Horste aus. Fünf führen in südlicher Richtung. Von Westen nach Osten sind es die Horste: des Kriváň (2 494 m), des Končistá (2 538 m), des Gerlachovský štít (2 655 m), des Slavkovský štít (2 452 m) und des Lomnický štít (2 634 m). Durch die asymmetrische Auffaltung der Tatra sind die Gipfel der südlichen Horste höher als jene des Hauptkammes und der nördlichen Horste. Der höchste ist der mittlere, mit der

1

2

1 Bergrettungsdienst 2 Lomnický und Kežmarský štít
3 Slavkovský štít und Prostredný hrot 4 Gerlachovský štít

Spitze Gerlachovský štít, der zugleich auch der kürzeste ist. Der längste und verzweigteste ist Kriváň. Die nördlichen Horste der Hohen Tatra sind niedriger und länger. Im slowakischen Teil des Gebirges gibt es zwei dieser Horste: den Žabí štít (2 263 m) und den Široká (2 210 m).

Das Gegenstück zu diesen mächtigen Kämmen und Horsten sind die Täler. Die größten Täler im südlichen Teil sind: Kôprová dolina, Furkotská dolina, Mlynická dolina, Mengusovská dolina, Batizovská dolina, Velická dolina, Veľká Studená dolina, Malá Studená dolina und das Tal Dolina Kežmarskej Bielej vody. Die nördlichen Täler der Hohen Tatra sind nicht so zahlreich. Mehrere verzweigte Talsysteme verbinden sich zu zwei großen Tälern: Bielovodská dolina und Javorová dolina. Die Mehrheit der Täler der Hohen Tatra wurde in den Eiszeiten von Gletschern geformt. In den hohen Lagen haben sie tiefe Kare modelliert, die Täler der mittleren Höhe haben die Form des typischen U – Profils bekommen und in den tieferliegenden Tälern häuften sich die Moränen an. Die Täler sinken stufenweise ab, Plateaus mit Bergseen wechseln

mit hohen Felsschwellen – in vielen Tälern finden sich schöne Bergseen – die Gletscherseen.

Die **Belianske Tatry** [Belaer Kalkalpen] sind flächenmäßig erheblich kleiner als die Hohe Tatra und besitzen wegen ihrer anderen geologischen Struktur auch ein anderes Relief. Eine Fläche von 67, 5 km^2 umfassend, bestehen sie aus Schichten mesozoischer Sedimente. Durch den Wechsel von widerstandsfähigen Kalksteinen und Dolomiten mit den weicheren Schiefern und Mergeln entsteht der typische, stufenartige Charakter der Berghänge. Die Belianske Tatry bestehen aus einem relativ linearen Hauptkamm. Der Kamm, ca. 14 km lang, liegt vertikal am östlichen Ende der Hohen Tatra. Im Norden werden die Belianske Tatry von der Furche Podtatranská brázda abgegrenzt. Die Südgrenze zur Hohen Tatra bildet ein Netz von Tälern, die miteinander durch den Bergsattel Kopské sedlo (1 750 m) verbunden sind.

Im Hauptkamm gibt es neun Gipfel, sechs davon sind über 2 000 m hoch (die durchschnittliche Höhe der Gipfel ist 2 038 m). Das Gebiet wird beherrscht von zwei gewaltigen Gipfeln, die der Gemeinde Ždiar ein großartiges Gebirgszenario schenken; es ist der Havran (2 152 m) und Ždiarska vidla (2 142 m). Im Westen endet der Hauptkamm mit dem niedrigsten, aber darum nicht weniger imposanten Berg, dem Muráň (1 890 m), der sich über Javorina erhebt. In den Belianske Tatry finden man nicht so große, beeindruckende Täler, wie in der Hohen Tatra. Nach Norden führen einige kurze Täler Richtung Ždiar, das größte ist Monkova dolina. Im Osten liegt das landschaftlich

schöne Tal Dolina Siedmich prameňov. Die südlichen Berglehnen des Gebirges spalten nur einige der steilen Talkessel. In den Eiszeiten befanden sich in den Belianske Tatry nur kleinere Kar- und Hanggletscher, die nicht mehr als 2, 5 km lang waren.

Durch die Tatraregion führt die Hauptwasserscheide zwischen dem Schwarzen Meer und der Ostsee. Das Wasser der Tatra fließt in 40 Bächen, die sich hinter der Gebirgs-Grenze zu

1 Belianske Tatry im Herbst 2 Belianske Tatry im Winter 3 Sommerpanorama von Belianske Tatry

4 Hauptflüssen vereinen, ab. Die Flüsse Czarny Dunajec und Poprad führen nach Norden über die Weichsel zur Ostsee hin. Die Flüsse Biely Váh und Orava fließen über den Váh und die Donau ins Schwarze Meer. Die zahlreichen Niederschläge, die geringe Verdunstung und die Gliederung des Reliefs bewirken in der Tatra den hohen spezifischen Abfluß, 50 l pro Sekunde von 1 km^2. Besonders die Hohe Tatra bindet die Niederschläge und bremst so ihren Abfluß. Ein großer Teil des Wassers sammelt sich in den Schuttkegeln, Moränen und in den Krummholzbeständen. Dieses Wasser hat aber eine sehr flache Zirkulation und ist deshalb sehr arm an Mineralien.

Die Tatrabäche haben ein typisches Hochgebirgswasserregime, das sie auch weit hinter den Gebirgsgrenzen beibehalten. Die kleinste Durchflußmenge fällt in die Wintermonate, wenn der größte Teil der Niederschläge in Schnee und Eis gebunden ist. Zum schnellen Anstieg des Wassers kommt es mit der ersten Schneeschmelze im April, und am Anfang des Sommers liegt der Höhepunkt. Das Regime der Flüsse, die nicht in der Tatra entspringen, ist anders. Ihre Durchflußmaxima treten schon in den Frühlingsmonaten ein. Bei regulärem Wasserstand haben die Tatrabäche den Charakter von Gebirgsbächen, mit einer Fließgeschwindigkeit bis zu 2 m in der Sekunde. Aber es kommt auch zu Hochwassersituationen, während deren der Strom der Bäche extrem schnell wird. Während des Hochwassers am 29. Juni 1958 stieg die Durchflußmenge des Belá in 10 Stunden von 24, 5 auf 170 m^3 in der Sekunde an. An den Felsschwellen der Haupttäler und auch an den vorgeschobenen Mündungen der Seitentäler in die Haupttäler befinden sich zahlreiche Wasserfälle.

In der Slowakei, die arm an Naturseen ist, stellt die Tatraregion eine Ausnahme dar. Die Angaben über die Zahl der Tatrabergseen sind verschieden. Der Grund dafür ist, daß die Hochgebirgsseen stufenweise austrocknen und die Statistiker zu wenig Informationsaustausch darüber, wo ein See noch, oder nicht mehr existiert, pflegen. Die Zahl schwankt zwischen 121 bis 189. Die meisten befinden sich in der Hohen Tatra, im slowakischen Teil des Gebirges gibt es ca. 100 Bergseen mit einer Gesamtwasseroberfläche von ca. 3 km^2. Erheblich weniger Bergseen gibt es in der West-Tatra (20).

Die Bergseen der Tatra entstanden durch die Glet-

4

5

1 und 3 Bergsee Veľké Hincovo pleso 2 Bergsee Roháčske pleso
4 Bergsee Veľké Biele pleso 5 Bergsee Velické pleso

scheraktivität der letzten Eiszeit. Das Wasser der abschmelzenden Gletscher füllte verschiedene Geländevertiefungen aus. Einige liegen in den schüsselförmigen Gruben der Gletscherkare. Zu den Karseen gehören zum Beispiel der größte und zugleich tiefste Bergsee der slowakischen Tatra, Veľké Hincovo pleso, oder der höchst gelegene Bergsee Modré pliesko (2 192 m) im Tal Malá Studená dolina. Viele Bergseen befinden sich in den Tälern im Vorfeld des Gebirges. Sie sind durch Abdämmung von Vordermoränen entstanden. Ein solcher Moränen-See ist zum Beispiel Popradské pleso im Tal Mengusovská dolina.

Der Bergsee Štrbské pleso entstand auf andere Weise. Der See füllte sich als die Oberfläche der Moräne durch das Schmelzen des Eises in ihrem Inneren einbrach. Die Karseen, auch „Meer-Augen" genannt, haben sauberes, durchsichtiges Wasser bis in eine Tiefe von über 12 m. Die Moränen-Seen liegen niedriger, in einer biologisch reicheren Umgebung, darum ist ihr Wasser nicht so durchsichtig. Auch sie sind zur Verlandung - in ihrem Fall durch Moorbildung - verurteilt. Zahlreiche Tatramoore beweisen, daß dieses Schicksal schon viele der tiefer gelegenen Bergseen getroffen hat. Das globale Wasservolumen der Tatraseen umfaßt ca. 50 Millionen m^3 Wasser; davon ist in den Seen der slowakischen Seite des Gebirges nur ein Fünftel. Das Wasser der Bergseen kann man schon nicht mehr als Gletscher-Wasser bezeichnen, denn in den

1 Quelle Castor a Pollux in Starý Smokovec 2 Bergsee Štrbské pleso
3 Meteorologische Station auf der Spitze Lomnický štít 4 Optische Erscheinung

letzten 10 000 Jahren wurde es durch Niederschlagswasser ersetzt.

Der große Reichtum der Tatraregion sind die Mineral- und Thermalquellen. Ihr Vorkommen ist an die vulkanisch aktiven, störanfälligen Zonen gebunden. Am mächtigen Bruch des südlichen Randes der Tatra entspringen einige Quellen, die nach ihrer Zusammensetzung einfache Sauerwässer sind. Drei von ihnen befinden sich in Starý Smokovec (die bekannteste ist die Quelle Csákyho prameň), drei weitere in Dolný Smokovec. Kalte Sauerwässer entspringen in Tatranské Matliare, Kežmarské Žľaby und Lendak.

Der große, unterhalb der Tatra liegende Bruch zieht sich weiter nach Norden und im Süden grenzt er das Gebirge Spišská Magura ab. Auf ihm befinden sich die Mineralquellen von Vyšné Ružbachy.

Aus dem Fernsehen und dem Rundfunk kann man oft hören, daß man die größte Kälte in dem Gebiet von Arwa, Liptau und Zips erwarten kann. Diese Wettervorhersage charakterisiert die klimatische Realität der Tatra – sie ist das kälteste Gebiet der Slowakei. Allgemein gilt, nicht nur für die Tatra, die Verminderung der Lufttemperatur mit steigender Seehöhe. Im allgemeinen sind daher die Gipfelregionen der Tatra am kältesten und die Kesselgründe am wärmsten. Im Durchschnitt sinkt die Temperatur alle 100 Höhenmeter um ca. 0,6°C.

Von 87 meteorologischen und klimatischen Stationen erreicht die niedrigste

jährliche Durchschnittstemperatur Lomnický štít (2 634 m) -3,8°C. Die höchste Durchschnittstemperatur wurde in Poprad (703 m) 5,5°C gemessen, was eine Differenz von mehr als 10°C ergibt. Nach den monatlichen Durchschnittstemperaturen ist am Lomnický štít die Differenz zwischen dem kältesten und dem wärmsten Monat (Februar bzw. Juli) 16,2°C, während es in Poprad 20,6°C sind. In den Kesseln gibt es starke Kontraste der Temperatur durch die Herbst- und Winterinversionen (Temperaturumkehr), die im Winter in den Tälern die Kälte halten. Die Höhendifferenz zwischen Tatranská Lomnica und Skalnaté pleso stellt 938 m dar, aber die Differenz der Januar-Durchschnittstemperaturen ist nur 1,2°C. Im Winter kommt es durch die Temperaturumkehr dazu, daß es am sonnigen Bergsee Skalnaté pleso um 10°C wärmer ist als in der im eisigen Inversionsnebel eingetauchten Stadt Poprad.

Für die Slowakei sind sowohl die Temperaturen, wie auch die Niederschläge der Tatra Extreme; die letzteren sind allerdings gebietsweise sehr unterschiedlich – sie hängen von der Seehöhe und der Hanglage ab. Die Höhendifferenz von 938 m zwischen Tatranská Lomnica und Skalnaté pleso führt zu einem Anstieg der jährlichen durchschnittlichen Niederschlagsmenge um 547 mm.

Ein anderer wichtiger Faktor ist die fast 2 000 m hohe Tatra-Barriere, die die West- und Nordströmungen der Niederschläge aufhält. Sie fallen an der Tatra-Rückseite und in hochgelegenen Kesseln, in Hornádska kotlina und Popradská kotlina fehlen sie. Die Ortschaften Zakopane und Tatranská Lomnica liegen in ungefähr gleicher Höhe. In Zakopane aber gibt es durchschnittlich pro Jahr 300 mm mehr Niederschläge. In der Stadt Poprad ist der Jahresdurchschnitt der

1

Niederschläge 608 mm, in der Stadt Levoča sinkt er unter 600 mm. Die meisten Niederschläge fallen in der eigentlichen Hohen Tatra. An der Spitze liegt der Lomnický štít mit einem Jahresdurchschnitt von 1 561 mm. Einige in den Tatrakesseln aufgestellte Regenmeßstationen erreichen Werte von über 2 000 mm, am niederschlagreichsten ist das Tal Veľká Studená dolina, unterhalb der Spitze Svišťový štít (2 710 mm) sowie das Gebiet bei der Hütte Zbojnícka chata (2 455 mm). Der feuchteste Monat im Jahr ist der Juli (ca. 16 % Jahresniederschläge), die geringste Niederschlagsmenge hat der Februar (ca. 4,5% Jahresdurchschnitt). In höheren Tatralagen ergibt sich der sogenannte Doppellauf der Niederschläge im Sommermaximum und im sekundären Dezembermaximum, das primäre Minimum ist im Herbst, das sekundäre im März.

Auf den alten Landkarten wurde die Tatra mit dem deutschen Namen Schneeberg (auf slowakisch „Snežný vrch"), bezeichnet. Diese Benennung ist sehr treffend, denn in der Tatra liegt der Schnee länger als im umliegenden Land. Im Oktober, wenn der Kessel Podtatranská kotlina noch seine typische Herbstfarbe hat, sind die Tatraspitzen schon oft mit dem ersten Schnee „überzuckert". Im Mai haben die Talkessel schon frische Frühlingsfarbe, in der Tatra aber liegt noch weiß der Schnee. Im Bergsattel Lomnické sedlo endet die Skisaison meist spät im Mai. In den Tatrakesseln hält sich der Schnee bis in den Sommer hinein. Das Tal Veľká Zmrzlá dolina oberhalb der Hütte Chata pri Zelenom plese ist z. B. bei Sommerskifahrern sehr beliebt.

Für das Wetter der Tatra ist Unbeständigkeit typisch – manchmal schlägt es in Minuten um.

1 Spitze Kežmarský štít
2 Skialpfest

2

Im Sommer verursacht dies auch die intensive Gewittertätigkeit - besonders von Juni bis August. Aus Vormittagssonne kann um die Mittagszeit ein starkes Sommergewitter werden. Besonders gefährlich sind für Touristen im ungeschützten Hochland die Blitze. Das „sicherste" Wetter kann man in der Tatra im Herbst, während des sog. „Altweibersommers", erwarten. Ende September und im Oktober ist es relativ kalt und regenarm.

Das Winter- bzw. Sommerwetter der Tatra hängt von den Sonnentagen im Gebirge und im Tal ab. Während der Winterinversionen bekommen die Tatragipfel mehr Sonne als die Täler. So hat die Spitze Lomnický štít im Januar durchschnittlich 137 Stunden Sonne, in der Stadt Poprad sind es aber nur 95 Stunden. Bei der Hütte Zbojnícka chata ist fast der ganze

Dezember nahezu sonnenlos durch Bewölkung und die langen Schatten der umliegenden Kämme. Im Sommer tritt die gegenteilige Situation ein. Die Sommerluftströmung hüllt die Tatragipfel in Wolken, während es in den Städten Poprad oder in Štrba heiter ist. Den Touristen kann es passieren, daß sie die Tatra, vom Bergsee Štrbské pleso aus, die ganze Woche über nicht einmal sehen. Im Juli hat die Spitze Lomnický štít durchschnittlich 199 Stunden Sonne, aber in Poprad scheint die Sonne 257 Stunden.

Charakteristisch für das Tatraklima ist der Wind. Starker Wind wird oft zu heftigem Sturm. Vor allem Fallwinde der Tatra verursachen große Schäden an den Waldbeständen.

Die Böden des Tatra- und des am Fuße der Tatra liegenden Gebietes sind sehr vielfältig. Die Waldböden im Gebirge sind flach und unfruchtbar. Auf Kalkstein bildeten sich alkalische Böden. Auf Silikatgestein ist die Bodenvielfalt größer. In niedriger Gebirgslage befinden sich braune Waldböden, die sich, mit steigender Seehöhe, zu verschiedenen Typen der Bleichböden ändern. In höheren Lagen der Tatra, oberhalb der Waldgrenze, kommen flache, alpine Narbenböden, in den Feuchtgebieten Naßböden und Torfböden vor. Die fruchtbaren Böden der Täler und Mulden werden landwirtschaftlich intensiv genutzt.

Die Tatra hat eine reiche und vielfältige Flora. Hier gibt es mehr als 1 300 Pflanzenarten. Das Hauptelement stellt die alpine-mitteleuropäische Flora, die schon seit dem Tertiär in allen europäischen Gebirgen, von den Pyrenäen bis zum Kaukasus, verbreitet ist. Es ist aber auch arktisch-alpine Flora vertreten, die sich in Mitteleuropa während der Eiszeiten ausbreitete und die Zeit der Erwärmung, wie auch die heutigen Epochen, in den kältesten Lagen der Hochgebirge überdauerte. Auf den alpinen Tatra-Wiesen wächst die Silberwurz, die

3

4

1 Herbstliche Inversion
2 Herbst am Bergsee Štrbské pleso 3 Wälder der Tatra
4 Bergsee Popradské pleso

auch in der arktischen Tundra vorkommt.

Natürlich hat die Tatra die für Gebirge typischen Vegetationsstufen. Bis zu einer Höhe von ca. 1 250 m gab es einst Buchenbestand. Die Buchenwälder an den Hängen der Mittelgebirge wurden in vielen Orten aber durch schnell wachsende Fichtenmonokulturen ersetzt. In der Tatra gibt es daher keine Buchenwälder mehr, die Reste eines Buchenwaldes im Norden der Belianske Tatry sind eine Ausnahme. Von 800 m bis 1 550 m gibt es ausgedehnte Nadelwälder. Die obere Waldgrenze schwankt je nach Lage des Hanges zwischen 1 550 bis 1 650 m. ü.d.M. Sie ist besonders im Bereich der West-Tatra und der Belianske Tatry durch Rodungen künstlich herabgesetzt. In der Vergangenheit holzten Hirten intensiv die Fichtenbestände ab, um Weideflächen für die

immer größer werdenden Vieh- und Schafherden zu gewinnen. Im rauhen Klima oberhalb der oberen Waldgrenze wachsen nur einzelne, wetterharte Fichten und Lärchen mit ihren zerzausten Wipfeln, sowie Zirbelkiefern. Der Krummholzgürtel reicht in eine Höhe von 1 800 m bis 1 850 m. Darüber befindet sich die subalpine und alpine Vegetationsstufe. In den Extremverhältnissen der Alpin-Wiesen kommen ca. 300 Arten der kleinen, zähen Berg-Flora vor, davon können 40 bis in einer Höhe von 2 600 m überleben. Am reichsten an dieser Flora sind die Wiesen auf dem Kalkgestein der West-Tatra und der Belianske Tatry.

Auch die Fauna der Tatra kann für die Besucher zum Erlebnis werden, besonders Vögel treffen sie auf Schritt und Tritt. Im Vorgebirge der

3

4

1 Zwergholzkiefern 2 Krokusse 3 Türkenbund-Lilie 4 Berggemse

1

Tatra nisten die Störche, in der Umgebung des Dorfes Podspády, in der Furche Ždiarska brázda, kann man die seltenen Schwarzstörche sehen. In den dichten Wäldern gibt es große Hochwild-Rudel, aber auch Wildschweine, Füchse, Dachse, Wildkatzen und kleinere Nager. Hier kommen auch einige seltene Tierarten vor, wie der Braunbär, der Wolf, der Fischotter und der Luchs.

Viele Waldtiere, wie zum Beispiel der Bär, wechseln in die Fels-Region hinauf; sie ist ein Rückzugsgebiet für seltene, eiszeitliche Tierarten wie Gemsbock und Murmeltier, aber auch Wühl- und Spitzmaus. Über dem Felsrelief der Hohen Tatra herrscht der Steinadler, der in unzugänglichen Felswänden nistet.

Ein typischer Hochgebirgsvogel der Felszone ist der furchtsame Tannenhäher, der sich von den Samenkörnern der Zirbelkieferzapfen ernährt. Im Sommer sonnen sich auf den Felsen Kreuzottern, die einzige Schlangenart, die man im hochgelegenen Tatragebiet antreffen kann. In den Tatrabächen leben Bachforellen, Kaulköpfe, Äschen und Kreßlinge. Befischt sind nur die tiefer gelegenen Bergseen. Der höchste von ihnen ist der Popradské pleso mit seinem natürlichen Forellenbestand. Die Fische im Bergsee Štrbské pleso sind eingesetzt.

Als erster entstand der Tatra-Nationalpark – Tatranský národný park (TANAP). Das Gesetz des Slowakischen Nationalrates zum Tatra-Nationalpark, das am 18. Dezember 1948 ratifiziert wurde, trat am 1. Januar

2

1949 in Kraft. Fünf Jahre später entstand der Nationalpark auch auf der polnischen Seite der Tatra. Der TANAP besteht aus dem Gebiet des eigentlichen Nationalparks und des Schutzgebietes. Die Leitung des Nationalparks sitzt in Tatranská Lomnica. Der eigentliche Nationalpark TANAP hatte ursprünglich eine Fläche von 510 km^2. Das Schutzgebiet des TANAP umfaßte das Gebirge Západné Tatry [West-Tatra] und einen Teil der Region Zamagurie mit einer Fläche von 700 km^2. Ab 1978 gehört auch die West-Tatra zum TANAP, womit sich seine Fläche auf 730 km^2 erweiterte. In das Schutzgebiet, mit einer Fläche von 390 km^2, wurde das Gebiet von Zuberec, das malerische Wiesenland des oberen Teiles der Liptau und der Rand des Kessels Popradská kotlina, der an die Hohe Tatra grenzt, eingegliedert.

3

1 Wasserfall Obrovský vodopád 2 Bergsee Štrbské pleso 3 Zirbelkiefer

GESCHICHTE

Die Menschen sind früher der Hochgebirgslandschaft der Tatra mit ihren extremrauhen Bedingungen lieber ausgdewichen. Bis zum Ende des 18. Jahrhunderts gab es praktisch kein Interesse an einer Besiedelung.Anders war es im Vorland der Tatra, hier lebten schon seit der älteren Steinzeit Menschen. Spuren der ältesten Bewohner, die in der Travertinanhäufung in Gánovce bei Poprad gefunden wurden, sind 90 bis 120 tausend Jahre alt. Die ersten Bauern, die während der jüngeren Steinzeit in die Tatra kamen, zeigten aus verständlichen Gründen kein Interesse an ihr. Das unwirtliche und schwer erreichbare Gebirge konnte ihnen kein Land für Felder und Weiden bieten. Der erste Volk, daß nachweisbar nicht am Fuß des Gebirgs stehen blieb, waren die Kelten. Sie kamen um das Jahr 300 v.Chr. in die Nordslowakei und brachten die Errugenschaften der Eisenzeit mit sich, wie Eisen, Glas und fortschrittliche Keramik.

Das Tatragebirge war ganze Jahrhunderte *„res nullus“* – das Gebiet, das niemandem gehört. Die Bewohner der angrenzenden Gebiete hatten entweder keine Eigentumsinteressen, oder diese gingen nicht über die Grenzen ihrer Felder und Weiden hinaus. Im 11. und 12. Jahrhundert eroberte das Reitervolk der Ungarn das Tatragebiet und unterwarf die slawische Bevölkerung. Das Gebiet und seine Bewohner wurden Eigentum des ungarischen Königs – zu dieser Zeit kam es immer wieder zu Konflikten zwischen den ersten polnischen und slowakischen Siedlern.

Das 13. Jahrhundert brachte große Änderungen. Den Tatarensturm überlebten die Einwohner ohne größere Probleme in den Verstecken der dichten Tatrawälder. Nach dem Abzug der Tataren entschied sich König Béla IV., die Grenzgebiete Ungarns durch neue Kolonisten zu stärken. Mehr Bevölkerung brauchte mehr Ackerfläche, die man nur durch Waldrodung gewinnen konnte. Die Rodungen waren sehr intensiv. Sie machten nicht einmal vor höheren Lagen halt und die Waldbestände begannen schrittweise, auch auf den Berglehnen der Tatra, zu schwinden. Von der Tatra wurden im Volk viele Gespenstergeschichten über Drachen und andere Chimären erzählt. Trotzdem fanden sich Mutige, die es wagten, in die Tatra einzudringen. Ihre Beweggründe waren unterschiedlich – die meisten praktisch. Das waren keine Touristen oder Naturforscher. In die Täler und Hänge stiegen Köhler, Schatzsucher, Jäger, Pilz- und Beerensammler, Schäfer und Rinderhirten auf. In den dichten Tatrawäldern suchten Räuber, Deserteure, verfolgte Freigeister und entlaufene Leibeigene Schutz, da sie keine Lust hatten, in Unfreiheit unter der Peitsche zu leben. Bis heute gibt es die Sage vom legendären Schatz des berühmtesten, slowakischen Räubers, Juro Jánošík, der irgendwo in der Tatra verborgen sein soll. Eine besondere Art von „Besuchern“ waren die Schmuggler, die die Tatsache, daß das Tatragebirge die Grenze zwischen Polen und Oberungarn war, für ihren „Broterwerb“ ausnützten. Hoch in die Berge stiegen die Prospektoren auf. Schürfstollen findet man fast unter dem Gipfel Kriváň und auch auf anderen hochgelegenen und manchmal sehr exponierten Stellen. Erfolglose Bergleute gingen oft unter die Räuber. Es waren auch Jäger, die Gemsböcke und Murmeltiere unter tüchtigen, bergsteigerischen Leistungen, jagten. In den Bergen jagten auch die Wilderer, die vor allem aus der Gruppe der Hirten kamen. Sie ergänzten so ihre eintönige „Speisekarte“ und verkauften die Felle an Händler weiter. Um Gemsböcke zu jagen, mußten sie nicht sehr weit gehen, weil schon im 14. Jahrhundert die Herden bis auf die Gipfel der Berge Liptovské hole oder ins Tal Skalnatá dolina unter die Wände der Spitze Lomnický štít getrieben wurden.

1 Travertinhügel bei Gánovce 2 Herbarium des Mönchs Cyprián 3 Jungen aus Ždiar (Foto: Karol Plicka)

Aus dem 16. Jahrhundert stammen die ersten schriftlichen Zeugnisse über Besucher, die keine ökonomischen Motive in die Tatra führten. Gebildete unter den in der Tatra lebenden Bewohnern wollten ihre Umwelt besser kennen lernen – mit den

Gipfel der Tatra täglich vor Augen, wandten sie sich diesen Bergen zu - die Bergsteiger der Tatra wurden geboren! Die erste bekanntgewordene „Tatra-Tour" unternahm die aufgeklärte Burgfrau der Stadt Kežmarok Beata Laski (1515-1576).

Zu Ende des Jahrhunderts ahmten sie die Studenten und Professoren aus den Städten Kežmarok und Prešov nach. Den ersten Aufstieg auf einen Tatragipfel beschrieb der Mathematiker und Astronom Dávid Fröhlich (1595-1648) aus Kežmarok. Als Zwanzigjähriger machte er sich zu einem der Gipfel im Massiv der Spitze Lomnický štít auf. Zusammen mit seinen zwei Freunden bestieg er wahrscheinlich die Spitze Kežmarský štít. Der Zipser Stadt Kežmarok gereicht es zu Ehren, daß sie der Welt viele Entdecker und Kenner des höchsten Karpatengebirges gab. Aus der malerischen Stadt, wo es vielleicht die schönste Aussicht auf die stattlichen Tatraspitzen gibt, haben sich Ortspfarrer, Lehrer und auch die Studenten des evangelischen Lyzeums auf den Weg in die Tatra gemacht. Irgendwann in der Hälfte des 17. Jahrhunderts unternahm ein unbekannter Student des Lyzeums, mit fünf Mitschülern und einem Bergführer, einen dreitätigen Ausflug ins Tal Dolina Bielej vody. Sein

1 Kežmarok früher 2 Kežmarok heute 3 Alte Tatra- Ansichtskarte 4 Burg Kežmarský hrad

Ziel war die Besteigung einiger Gipfel in der Nähe der Spitze Lomnický štít (vielleicht die Spitze Kežmarský štít). Der Student beschrieb seine Erlebnisse im Buch „*Simplicissimus hungaricus seu dacianus*“, das zum Bestseller wurde. Das spannende Werk, das in der Stadt Levoča im Jahre 1683 erschien, war nach dem Beispiel der deutschen Abenteuerromane geschrieben. Es ist spannend, wie Simplex mit fünf Studenten drei Tage durch die Karpatenberge wanderte. Die Beschreibungen im Roman wirken glaubhaft. Der Autor schildert mit dokumentarischer Genauigkeit das Land, zum Beispeil Almwirtschaft, Flora und Fauna. Interessant ist auch die Beschreibung der Ausrüstung, in der Seil und Steigeisen nicht fehlten.

Die erste Hälfte des 17. Jahrhunderts ist die Zeit der erfolgreichen Erforschung der Tatra, besonders durch die Mitglieder der Familie Bucholtz. Dazu gehört auch Matej Bel (1684 - 1723), der gebildete Slowake, von europäischem Rang. Eine Heimatkunde der Tatra im Landesteil Liptau ist Bestandteil des 2. Bandes des imposanten

Werks *Notitia Hungariae novae historico-geographica*. Neben dem Text, den Juraj Bucholtz d. J. aus Kežmarok schreiben half, ist vor allem die Landkarte des berühmten, slowakischen Kartographen Samuel Mikovíny interessant. Die wissenschaftlichen Werke von Matej Bel, Bucholtz, Bohuš und anderen strahlten über die Grenzen Ungarns hinaus und so wurde die Tatra von der Welt entdeckt. In die unbekannten Karpaten zogen viele europäische Gelehrte, die von den Ideen Rousseaus über die „Rückkehr des Menschen zur Natur" begeistert waren – nennen wir wenigstens die bekanntesten: B. Hacquet, R. Townson, S. Staszic, G. Wahlenberg und F. S. Beudant.

In die Tatra kam der Fremdenverkehr viel später als in die Alpenländer. Bis zum Ende des 18. Jahrhunderts existierte er praktisch nicht. Die Hauptursache des verspäteten Einzugs der Alpinisten in die Karpaten waren die Schwierigkeiten, die mit der Anreise verbunden waren. Die Unbequemlichkeit und Umständlichkeit der schlechten Wege schreckten jene ab, die gern die Schönheit der Tatra erlebt hätten.

Das höher gelegene Tatra-Gebiet war kaum besiedelt und wurde vor allem von Hirten und Holzfällern aufgesucht. Zur ältes-

1 G. Wahlenberg 2 Historische Besteigung des Kriváň 3 In der Wand

ten Tatrasiedlung wurde Starý Smokovec. Sie entstand an der Quelle eines Sauerbrunnens, dem die Leute magische Macht zuschrieben. Alljährig trafen sie sich an dieser Quelle zur Feier der Sommersonnenwende.

Die zweite, bedeutende Siedlung entstand am Ufer des Bergsees Štrbské pleso. Die Siedlung Štrbské Pleso entwickelte sich um eine Jagdhütte, die im Jahr 1872 gebaut wurde.

Die Geschichte der Kurbäder begann in Starý Smokovec im Jahr 1839. Zum Hauptzentrum der Kurorte der Tatra wurde aber das benachbarte Nový Smokovec, wo 1875 der erste Pavillon gebaut wurde. Entscheidend für diese Entwicklung war der Nestor der „Höhentherapie" Doktor Mikuláš Szontagh, ein Arzt mit reichen Erfahrungen mit Klima-Kuren, die er in berühmten Schweizer Kurheimen erwarb. Andere Sanatorien wurden allmählich in den Siedlungen Štrbské Pleso, Tatranská Polianka und in Vyšné Hágy gegründet. Zum Hauptzentrum der Tuberkulosebehandlung wurde die Siedlung Vyšné Hágy, in der im Jahr 1923 der bekannte böhmische Dichter Jiří Wolker bei seinem Kuraufenthalt wohnte. Seit 1941 gilt die Kuranstalt am Fuß des Gerlachovský štít als größte Heilstätte der Tuberkulose in Mitteleuropa.

In den 80er Jahren des 19. Jahrhunderts begann man eine neue VerbindungsStraße, die die Tatrasiedlungen verband, anzulegen. Später bekam sie den Namen „Weg der Freiheit". Auf diesem kam im Jahr 1900 der erste Wagen in die Siedlung Starý Smokovec und sechs Jahre später auch in die Siedlung Tatranská Lomnica. Im Jahr 1912 begannen die ersten Busse zwischen den Siedlungen Starý Smokovec und Spišská Nová Ves zu verkehren. Zum bedeutendsten Verkehrsmittel der Tatra wurde dennoch die Tatraeisenbahn. Zuerst war es die Bahn zwischen den Siedlungen

Veľká Lomnica und Tatranská Lomnica (1895); ein Jahr später entstand die Verbindung durch die Schmalspur - Zahnradbahn, die auf der entgegengesetzten Tatraseite zwischen den Siedlungen Tatranská Štrba und Štrbské Pleso gebaut wurde. Der Ausbau des Eisenbahnnetzes wurde durch die Elektrifizierung der Strecken zwischen den Siedlungen Poprad und Starý Smokovec (1908), Starý Smokovec und Tatranská Lomnica (1911),

1 Bergsee Štrbské pleso am Anfang des 20. Jh. 2 Zahnradbahn auf Štrbské Pleso am Anfang des 20. Jh. 3 Tatranská Lomnica in der Vergangenheit 4 Winterliches Starý Smokovec

3

bzw. Starý Smokovec und Štrbské Pleso (1912) vollendet. Im Jahre 1908 wurde den Touristen der Zugang zu den Bergen durch die Eröffnung der Seilbahn von der Siedlung Starý Smokovec zum Hrebienok hinauf erleichtert. Seit 1940 konnten die Tatrabesucher bequem von Tatranská Lomnica aus bis zum Gipfel der Spitze Lomnický štít hinauffahren. Schon vor dem Jahr 1900 erschienen in der Tatra immer mehr Alpinisten, bezaubert von der Schönheit des

4

Hochgebirges. Die neue Situation verlangte den Bau von Wanderwegen und Berghütten. Anfangs widmete sich der Ungarische Karpathenverein, die älteste touristische Organisation Ungarns dieser Angelegenheit. Außer der touristischen Infrastruktur organisierte der Verein den Lawinenwarn- und Rettungsdienst.

Mit der Entwicklung der Hochgebirgstouristik begann man Schutzhütten zu bauen. Die älteste ist eine Steinhütte von 1863, ist als die Schutzhütte Rainerova útulňa bekannt. Später begann man mit dem Bau von steinernen Schutzhütten weiter oben im Gebirge. Im Jahr 1876 wurde die Hütte auf der Bergwiese Rakúska Poľana unterhalb des Bergsees Zelené pleso eröffnet, es folgten andere z.B. an den Bergseen Velické pleso, Popradské pleso. Im Jahr 1899 machte sich ein Arzt aus Banská Štiavnica, Edmund Téry (1856 - 1917), um den Bau der Berghütte im Tal Malá Studená dolina verdient. Sie liegt 2 015 m hoch und trägt den Namen ihres Gründers. Sie ist die höchst gelegene Tatrahütte mit Ganzjahresbetrieb. Noch höher liegt nur unterhalb des Gipfels des Rysy die Hütte Chata pod Rysmi, die nur während der Sommersaison bewirtschaftet wird.

Die neuen Wanderwege und Berghütten erleichterten Touristen den Zugang zu den zerklüfteten Bergen der Hohen Tatra. Die Mutigsten wurden zu Alpinisten, die hintereinander Tatragipfel bezwangen. Von 1874 bis 1913 gab es praktisch keinen Gipfel, auf den nicht ein Bergsteiger seinen Fuß gesetzt hätte. Die Entwicklung ging weiter und die Alpinisten haben sich neue anspruchsvollere Ziele gesteckt. Sie wurden von ihren Kollegen in den Alpen „inspiriert" und begannen einen Wettstreit untereinander.

1 Bergsee Popradské pleso früher 2 Hütte Téryho chata früher
3 J. R. Driečny 4 SKI-WM 1970
5 Nach der Naturkatastrophe in 2004

Nach dem Ersten Weltkrieg schlossen sich die slowakischen Alpinisten zum Bund der Tatra-Alpinisten „JAMES" zusammen. Seit 1919 waren auch die slowakischen Touristen im Verein „Tatranský spolok turistický" organisiert. Er wurde durch die Fusion mit dem Klub der tschechischen Touristen (Klub českých turistů) zum gesamtstaatlichen Klub der tschechoslowakischen Touristen (Klub československých turistov). Einer seiner wichtigen Mitglieder, Miloš Janoška, gründete im Jahre 1921 die touristisch-heimatkundliche Monatsschrift „Krásy Slovenska" [Schönheiten der Slowakei], zu der im Jahre 1931 ein anderes Periodikum „Vysoké Tatry" [Hohe Tatra] hinzukam. Beide Zeitschriften erscheinen bis heute.

Nach 1945 wurde die Tatra für alle zugänglich. Großen Verdienst daran hatte besonders der starke, gewerkschaftliche Erholungsurlaub und andere Kollektivformen des Reiseverkehrs. In den ersten Nachkriegsjahren kamen jährlich nur ca. 20 000 Besucher in die Tatra. In der Mitte der 80er Jahre erreichte die Besucherzahl der Hohen Tatra ihren Höhepunkt, als das Gebiet in einem Jahr bis zu 4 Millionen Touristen aufnahm. Der massenhafte Anstieg der In- und Auslandsbe-

sucherzahl hörte erst nach dem Jahr 1989 auf. Die neuen, politischen und wirtschaftlichen Bedingungen spiegelten sich in einer Änderung der Besucherzahl, sowie ihrer Sozial- und Nationalitätenstruktur wider.

Nach dem großen Sturm im November 2004 intensivierte sich die Diskussion um die Zukunft der Tatra. Das Meinungsspektrum reicht von einer ausgesprochen kommerziellen Nutzung bis zur Anwendung des strengsten Naturschutzregimes.

PODBANSKÉ UND UMGEBUNG

1

Die Region von Podbanské erstreckt sich im westlichsten Teil der Hohen Tatra. Im Norden erreicht sie den Grenzbergkamm, im Osten den seitlichen Bergkamm von Ostrá in der Berggruppe des Kriváň und die Westgrenze stellt der Seitenkamm des Baranec dar. Im Süden mündet das Gebiet in den Kessel Liptovská kotlina.

PODBANSKÉ (940 m ü.d.M.) stellt die westlichste Siedlung der Hohen Tatra dar. Sie liegt an der Kreuzung des „Weges der Freiheit„ mit dem Bergbach Belá. Die Entfernung zum See Štrbské pleso beträgt 16 km und nach Liptovský Hrádok 15 km.

Podbanské ist der Ausgangspunkt für Ausflüge in die Täler Tichá dolina und Kôprová dolina und auf den Berg Bystrá. **Tichá dolina**** [Stilles Tal] ist heute seines Namen würdig. Es wird vor allem von jenen Touristen gesucht, die eine stille Naturlandschaft mit den sanfteren Formen der Hochwiesen lieben. In dieser Umgebung kann man eher auf ein Rudel Gemsen als auf laute Besucher stoßen. Das Tal Tichá dolina ist, mit einer Länge von 13,8 km und einer Fläche von 52 km^2, das größte Tal der Hohen Tatra. Die Route umfaßt die ganze Länge des Tales, von der Einmündung in den Liptauer Kessel bis zu seinem Ende unter dem majestätischen Gipfel des Svinica (2 301 m) im Grenzbergkamm. Mit wachsender Entfernung zum Hotel Kriváň

hört der Lärm von Podbanské langsam auf. Auf dem gelb markierten Wanderweg, hinter dem Zusammenfluß der Bäche Tichý und Kôprovský potok, herrscht nur noch die majestätische Stille der Natur der Hohen Tatra. Das Tal Tichá dolina war aber nicht immer so still wie heute. Die Ruhe des Tales wurde durch die dumpfen Schläge der Äxte der Holzfäller und Köhler, der Bergleute und Goldsucher, sowie auch durch den Klang der Glocken der Schafe und Rinder, die hier weideten, gestört. Der Name des Tals kommt wahrscheinlich vom Bergbach Tichý potok, der im Vergleich zu anderen Bächen der Tatra außerordentlich ruhig fließt. Nicht so sportliche Touristen schätzen sicher die mäßige Steigung des Weges (auf dem unteren, 8 Kilometer langen Abschnitt des Tales, erreicht die Steigung nur 250 Höhenmeter). Aus diesem Grund ist auch der hiesige Bach so ruhig. Vom Bergkamm Liptovské kopy münden in Tichá dolina drei größere Nebentäler. Das höchstgelegene von allen heißt **Špania dolina**. Der Namen stammt von den Bergleuten aus dem gleichnamigen Bergdorf in der Nähe von Banská Bystrica, die sich an ihren Heimatort in den Bergen Starohorské vrchy errinnern wollten. Durch die Talsohle von Špania dolina führt die längste der 339 registrierten „Lavinenbahnen" auf dem Gebiet des TANAP. Gewaltige Schneemassen tosen über sie mit gefährlicher Geschwindigkeit, manchmal bis zu 3 100 Meter weit. Unterhalb der großen Abbiegung des Tales Tichá dolina zweigt der Wanderweg ins Tal **Tomanovská dolina*** ab, das nach einem ehemaligen Bergmann - Toman - benannt ist. Nach Tomanovská dolina führt der rot markierte Wanderweg, der im Sattel **Tomanovské sedlo*** endet. Dieser tief gelegene Wiesenbergsattel ist mit seinen 1 680 Metern

1 und 2 Podbanské und Kriváň 3 Fluss Belá und Kriváň

Liptovská dolina und man glaubt, sich nun auf dem Boden eines Vulkankraters oder eines Kessels zu befinden. Von allen Seiten umgeben den Wanderer felsige Hänge, steile Wiesen und Zwergkiefern. Sehr interessant ist der Blick nach Norden, wo sich über den Fichten die Silhouette der Bergkette **Červené vrchy** zeigt. Dieses Kalkmasiv der Hohen Tatra, zwischen den Pässen Tomanovské sedlo und Ľaliové sedlo, bekam seinen Namen wegen der charakteristischen Herbstfärbung seiner Wiesenlandschaft. Die Roten Berge repräsentieren neben den Belianske Tatry das bedeutendste Karstgebiet des slowakischen Hochgebirges, mit ausgedehnten Karstfeldern und tiefen Karstschluchten. Die Hänge der Karstlandschaft sind für Wanderer nicht erreichbar. Von Süden aus gibt es nur während der Sommersaison Möglichkeiten zum Aufstieg auf den Grenzbergkamm der Roten Berge. Derjenige, der über die Serpentinen des gelb markierten Wanderweges bis zum Bergsattel Suché sedlo (1 955 m) aufsteigt, tauscht das ruhige Tichá dolina für eine sehr belebte, von der Zivilisation

die zweitniedrigste Senkung des Hauptbergkammes der Hohen Tatra. In der Vergangenheit wurde er mit Vorliebe von Schmugglern benutzt. Vom Weg unterhalb des Bergsattels aus kann man die Seen **Tomanovské plesá** erblicken; diese zwei kleinen Gebirgsseen sind die einzigen im großen Gebiet des Tales Tichá dolina. Oberhalb der Wegkreuzung und der Einmündung des Tales Tomanovská dolina macht Tichá dolina eine östliche Biegung. Tomanovská dolina ist, wie Tichá dolina, im Winter für Touristen gesperrt.

Der obere Abschnitt des Tales Tichá dolina hat eine unheimliche Atmosphäre. Die Biegung des Tales beendet den visuellen Kontakt mit dem Tal

gezeichnete Umgebung um den Berg Kasprowy Wierch ein. Der Wanderer trifft auf Menschenmassen, die auf diese polnische „Lomnitzer Spitze“ (im Winter und Sommer per Seilbahn von der polnischen Seite aus) gebracht werden. Das Ende des Tales heißt **Zadná Tichá dolina**. Früher wurde es von Hirten , die zu den Červené vrchy aus dem polnischen Podhale kamen, benutzt. Der am Anfang mäßig steigende Weg wird in der Nähe der westlichsten Gipfel der Hohen Tatra immer steiler. Mit einem Bogen steigt er in den Bergsattel **Závory**** (1 876 m), von dem aus man noch weitere 15 Minuten in den höher gelegenen Bergsattel **Hladké sedlo** (1 993 m) braucht. Nach der Rückkehr zum Bergsattel Závory können die Touristen auf dem selben Weg nach Podbanské zurückgehen oder sich für das Nebental Kôprová dolina entscheiden.

Der Ursprung des Namens des **Nationalen Naturreservates Kôprová dolina**** hängt höchstwahr- scheinlich mit dem Namen, den ihm die Bergleute gaben, zusammen - sie nannten das Tal Kopperta“ (Kopper - Kupfer). Der Besuch dieses Tales beginnt ähnlich wie der des Tales Tichá dolina. Beim Kreuzweg am Forsthaus wählt man den grün markierten Wanderweg entlang des rau-

1 Berge Červené vrchy 2 Pass Sedlo Závory 3 Kriváň

schenden Bergbaches Kôprovský potok. Ohne größere Steigung führt der Weg zu einem weiteren Kreuzweg unterhalb des Grúnik und wird weiter hin, mäßig steigend, fortgesetzt. Schon die ersten Kilometer von Kôprová dolina, eines der längsten Täler der Hohen Tatra, geben den Blick frei für die Schönheiten sowohl der West-Tatra wie der Hohen Tatra. Im Westen bietet sich die Almlandschaft der Bergkette Liptovské kopy, während die Gegenseite des Tales die wesentlich dramatischeren Linien des Bergmassivs des Kriváň zeigt. Alpine Dimensionen werden vor allem durch das „Zacken - Profil „ des Kriváň erreicht. Einer seiner „Zähne" - trägt den Namen des Karakorum- Berges K2. Hinter diesem mündet in das Haupttal das Nebental **Nefcerka**.

Die außergewöhnliche Schönheit einer Kaskade von Wasserfällen, die über die hohe Felsschwellen stürzen, ist schon aus großer Entfernung zu sehen. Dies trifft auch auf den Wasserfall **Kmeťov vodopád**** zu, der mit seiner Höhe von 80 m den Rekord unter den Wasserfällen der Hohen Tatra hält. Benannt wurde er nach dem bedeutenden, slowakischen Gelehrten und Mitbegründer des Slowakischen Nationalmuseums Andrej Kmeť (1841-1908). Die richtige Hochtour beginnt erst mit dem grün markierten Wanderweg, der in das Tal Temnosmrečinská dolina steigt. Auf der rechten Seite des Weges befindet sich der Wasserfall **Vajanského vodopád***, einer der schönsten Wasserfälle der Hohen Tatra, benannt nach dem slowakischen Schriftsteller S. H. Vajanský (1847-1916). Das Tal **Temnosmrečinská dolina** hat die Form eines natürlichen Amphitheaters. Der Zuschauerraum ist die hohe Felsenkulisse, aus der die Spitze Čubrina (2 376 m) emporwächst. Auf der Bühne liegen auf dem flachen Grund des

Tales zwei große Gebirgsseen, die zu den größten in der Hohen Tatra gehören. Der Wanderweg endet bei dem größeren See **Nižné pleso**** (Fläche: 12 ha, Tiefe: 40 m). Der See Vyšné Temnosmrečinské pleso liegt höher, außerhalb des Wanderweges. Der Name des Tales Temnosmrečinská dolina zeugt von den dichten Fichtenwäldern [smrek – Fichte], die in der Vergangenheit bis in diese Lagen reichten. Für den Rückweg gibt es drei Alternativen, alle aber nur für tüchtige Wanderer. Die erste und relativ einfachste Alternative ist die Rückkehr nach Podbanské auf dem selben Weg. Die zweite Alternative beansprucht mehr Energie und Zeit – es ist der grün markierte Wanderweg ins Tal **Kobylia dolina***. Der Name dieses Tales hängt mit der Pferdezucht in diesem Teil der Tatra zusammen [kobyla –

2

3

1 Bergsee Nižné Temnosmrečinské pleso 2 Skialpinistische Tour 3 Tal Temnosmrečinská dolina

Stute]. Vom Bergsattel Závory führt der Weg durch Tichá dolina nach Podbanské. Wer den dritten Weg wählt, muß bis zur blauen Markierung zurückgehen und mit dieser durch das Tal **Hlinská dolina** bis in den **Bergsattel Kôprovské sedlo**** (2 180 m) steigen. An der südlichen Seite ist das Tal durch die massive Steinmauer des Kammes Hrubé abgeschlossen, dessen hohe Pfeiler und Mulden zu den beliebten Bergsteigerzielen der Hohen Tatra gehören. Vom Bergsattel aus führt die Route weiter durch das Tal Mengusovská dolina und endet in Štrbské Pleso.

Der Ort **Tri studničky*** [drei Brunnen] (1 140 m ü.d.M.) liegt an dem „Weg der Freiheit“ zwischen Podbanské und Štrbské Pleso, im unteren Teil der Almwiese Podkrivánska poľana. Von Tri studničky aus kann man einen Ausflug zum See **Jamské pleso** machen; es ist ein angenehmer, anspruchsloser Spaziergang auf der gut präparierten Tatra-Magistrale. Die Route führt meistens durch Fichtenwald, der an einigen Stellen auch einen guten Ausblick auf den ausgedehnten Südhang des Kriváň erlaubt. Die Magistrale führt zum Südufer des **Sees Jamské pleso*** (1 447 m), der inmitten von Fichten und Kiefern liegt. Im Jahre 1936 wurde an seinem Ufer die Hütte Kriváňska chata erbaut, die aber nach sieben Jahren

Kriváň

Betrieb niedergebrannt ist. Am Westufer des Sees wurde ein **Zirbelkieferhain zum Andenken an den Slowakischen National-Aufstand** (SNP) gepflanzt. Von Jamské pleso kann man den Ausflug in Richtung Štrbské Pleso verlängern oder in einem Bogen über die blau und grün markierten Wege zurück nach Tri studničky wandern.

Sehr attraktiv ist für Bergsteiger die Besteigung des **Kriváň***** (2 494 m), einem breiten Gipfel im Westteil der Hohen Tatra. Dieser schönste Berg der Slowakei wirkt hinreißend von der Liptauer Seite aus. Von Pribylina oder Hybe aus ist er durch seinen schiefen Gipfel, dem er seinen Namen verdankt, leicht zu erkennen [krivý = schief].

Die Spitze des Berges Kriváň erreicht man am leichtesten und am schnellsten von Tri studničky aus. Die ersten Serpentinen des grün markierten Weges führen den Wanderer auf die Ebene **Grúnik**. Aus Grúnik führt der Wanderweg quer über den Abhang Priehyby in den steilen Talkessel des Kriváň. Ab dem Kreuzweg verbindet sich die Route mit dem Wanderweg, der hierher vom See Jamské pleso führt. Auf dem Sattel **Daxnerovo sedlo** liegen noch lange nach dem Beginn des Frühlings gefährliche Schneefelder. Der meist benutzte Abstieg ist der blau markierte Wanderweg, der zum See Jamské pleso führt.

Štrbské Pleso

ŠTRBSKÉ PLESO UND UMGEBUNG

Das Gebiet von Štrbské Pleso liegt im Westteil des südlichen Bergfußes der Hohen Tatra. Seine Nordgrenze führt entlang des Hauptkammes der Hohen Tatra, der zugleich zwischen Čubrina und Rysy die Staatsgrenze Slowakei/Polen bildet. Von Westen wird das Gebiet vom Horst des Gipfels Ostrá im Kriváň-Massiv, von Osten vom Gerlachovský štít abgegrenzt. Im Süden grenzt es an Podtatranská kotlina.

1 Bergsee Štrbské pleso **2** und **3** Solisko früher und heute

ŠTRBSKÉ PLESO [Tschirmer See] (1335m ü.d.M.) ist die höchstgelegenste Siedlung der Tatra. Sie liegt am gleichnamigen See auf einer Moräne, die von einem früheren Gletscher in der Mündung des Tales Mlynická dolina ab-

2

3

gelagert wurde. Auf dem „Weg der Freiheit“ – „Cesta slobody“, der die Ortschaft an ihrer südlichen Seite knapp verfehlt, sind es 15 km bis Starý Smokovec und 17 km bis Podbanské. Nach Süden führt eine 6 km lange Straße, die in Tatranská Štrba auf die Hauptverbindung zwischen Žilina und Poprad stößt. Auf dem Bahnhof Štrbské Pleso endet die Weststrecke der elektrischen Tatrabahn und die Zahnradbahn aus Tatranská Štrba.

Die Umgebung von Štrbské Pleso bietet seinen Besuchern ein abwechslungsreiches, touristisches Programm für mehrere Tage, zu jeder Jahreszeit. Von Frühling bis Herbst kommen vor allem die Bergsteiger und Wanderer. Der größte Teil von ihnen geht Richtung Wasserfall Skok in Mlynická dolina und zum Popradské pleso. Die Bequemeren fahren mit der Seilbahn unter Predné Solisko, tüchtige Wanderer besteigen lieber den Kriváň, Predné Solisko, Rysy, Kôprovský štít, den Sattel – Bystré sedlo oder wandern über die Serpentinen der Magistrale unter dem Ostrva. Im Winter stehen den Besuchern von Štrbské Pleso gute Pisten auf den Hängen von Solisko und Loipen mit einer sorgfältig präparierten Spur und einer Länge von 5 bis 50 Kilometern zur Verfügung.

Den Spaziergang durch den Ort **Štrbské Pleso*****
kann man am südwestlichen Seeufer, beim **Kurhaus Solisko*** beginnen. Von der ehemaligen Station der elektrischen Tatrabahn hat man den schönsten Ausblick auf die zackige Silhouette

der Tatragipfel, aus der die Viererspitze des Vysoká (2 547 m), die einer Königskrone ähnelt, hervorragt. Der schmale Turm der Sprungschanze, auf dem

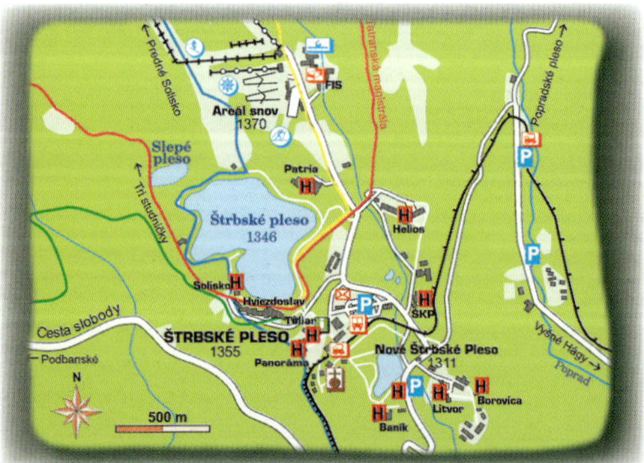

1 Hang Interski 2 Hotel Patria 3 Hotel FIS

runden Gipfel über dem See, ist nicht zu übersehen. Seit dem Jahr 1976 ragt in diese meist fotografierte Tatraszenerie der dreieckige Umriß des **Hotels Patria***. Um Štrbské pleso herum geht man den bequemen, blaumarkierten Promenadenweg. Am westlichen Ufer führt der Weg an der Halbinsel mit dem **Denkmal der gefallenen Partisanen** vorbei. Von der Halbinsel hat man einen guten Ausblick auf den Gebäudekomplex der **Kurhäuser Kriváň*** und **Hviezdoslav***. Vom nordöstlichen Ufer biegt gleich hinter dem Hotel Patria der rot markierte Weg der Magistrale ab. Im Wald neben dem Weg versteckt sich das **Naturreservat Rašelinisko***. Es ist für die Öffentlichkeit aus Naturschutzgründen gesperrt. Das Hochmoor ist ein verlandeter See. In der Nähe von Štrbské pleso gibt es insgesammt fünf solcher ehemaligen Seen, die von den hiesigen Bewohnern „mozgroviská“ genannt werden. Ein Fast-„mozgrovisko“ ist auch **Slepé pleso**, der ungefähr 100 Meter vom nordwestlichen Ufer des Štrbské pleso liegt. Der sich langsam mit Vegetation füllende See wird mit einem langsam erblindenden Auge verglichen. Die Ausflugsroute verläßt den kurzen Magistraleabschnitt und

2

führt weiter nach links auf die Anfahrtsstraße zum **„Areál snov"**** [„Areal der Träume"]. Das weltbekannte Wintersportzentrum bekam seinen Namen, als der Vorsitzende der FIS meinte „es sei wie aus einem Traum". Dominiert wird es von den **zwei Sprungschanzen**. Die kleinere hat einen Normpunkt von 70 Metern, die größere wurde für die Weltmeisterschaften als Neunziger gebaut. Auf der Tribüne können bis zu 60 000 Zuschauer die Leistungen der wagemuti-

3

gen Ski springer verfolgen. Zum Abschlußzeremoniell des Weltchampionats am 18. Februar 1970 kam eine Rekordzahl von 100 000 Menschen in das „Areal der Träume". Der kurze Aufstieg zu den Schanzen lohnt, besonders bei gutem Wetter wegen der einzigartigen Aussicht auf den tief blauen Štrbské pleso. Neben den Schanzen liegt ein Langlaufstadion mit Start und Ziel der Skilanglaufstrecken. Zum Sportkomplex gehört auch das **Hotel FIS***, das durch seine eigentümliche Architektur auffällt, es kopiert durch seine Form den Umriß eines Tatragipfels. Das Hotel ist mit seiner Ausstattung gerade für Aufenthalte von Leistungssportlern zugeschnitten, und deshalb ist es keine Seltenheit, in der Hotelumgebung auf einen bekannten Sportler oder eine bekannte Sportlerin zu treffen. Der Solisko--Hang hinter dem „Areal der Träume", wird im Winter zum Eldorado für Skifahrer. Der untere Teil der Piste, die **Interski*** heißt, wird allmählich zum traditionellen Schauplatz für Vorstellungen und Wettkämpfe von Skiakrobaten und Snowboardfahrern.

1 Hotel Panoráma 2 Hütte Chata pod Soliskom
3 Tatrabahn in Štrbské Pleso
4 In der Wand 5 Wasserfall Skok

Der **Sessellift nach Solisko**** überwindet auf einer Strecke von 2 170 Metern eine Höhenunterschied von 438 Metern. Die fast siebenminütige Fahrt gibt ausreichende Gelegenheit, in Ruhe über die Schönheit der Natur, direkt in ihrer Mitte, zu meditieren. Besonders schön ist bei der Fahrt nach oben der Ausblick auf die rechte Seite, hinein in die Szenerie von Mlynická dolina. Auf der linken Seite sieht man wiederum den Streifen der Skipiste auf dem südöstlichen Hang des Predné Solisko. Im Jahr 1943 wurde gerade in diesem Teil der erste Skilift auf dem Gebiet der Tatra betrieben. Bei der Bergstation des Sesselliftes, 1 480 Meter über dem Meeresspiegel, steht die Hütte **Chata pod Soliskom****. Von hier führt ein rot markierter Weg zum **Predné Solisko**** (2 117 m). Der serpentinenartige Aufstieg zum letzten Gipfel des Solisko-Kammes dauert ungefähr eine Stunde. Der Rückweg nach Štrbské Pleso geht am schnellsten auf der gleichen Route. Man kann aber auch die längere Variante wählen, die einen Umweg über Furkotská dolina macht. Das Tor zum Nationalen **Naturreservat Mlynická dolina**** [Mühlbach Tal] ist das „Areal der Träume".

An ihm vorbei führt ein Weg in das vom Solisko-Kamm und dem Kamm – Hrebeň Bášt – umschlossene Tal. Das sechs Kilometer lange Gletschertal, ohne Seitentäler, ist ausgesprochen stufig. Paradoxerweise führten nach Mlynická dolina und das benachbarte Furkotská dolina, die beide gleich neben Štrbské Pleso liegen, lange keine Wanderwege. Man konnte in die Täler nur auf den schmalen, ausgetretenen Pfaden der Hirten und Jäger gelangen. Erst im Jahr 1899 ließ der damalige Besitzer von Mlynická dolina, Jozef Szentiványi, einen bequemen Weg bis zum **Wasserfall Skok**** anlegen, den man vom Štrbské pleso (auf eine Entfernung von über zwei Kilometer) als gut sichtbaren, weißen Streifen im grauen Felsen erkennen kann. Der kaskadenförmige Wasserfall ist 25 Meter hoch. Am mächtigsten und auch schönsten ist er in der Zeit zwischen Frühling und Sommer. Während im Herbst über die Steinschwelle von Mlynická dolina mit Mühe 54 Liter pro Sekunde fließen, steigt die Durchflußmenge im Juli auf 880 Liter pro Sekunde. Während der Überschwemmung, im Jahr 1958, stürzten Wassermassen mit einer Durchflußmenge von bis zu 30 000 Litern pro Sekunde die Felsstufe hinab. Ein Charakteristikum des Wasserfalles Skok ist ein feiner Wasserschleier, der über dem eigentlichen Fall an der felsigen Schwellenkante zerspringt.

4

Der Weg, der vom Wasserfall Skok zum Sattel Bystré sedlo führt, wurde erst 1935 angelegt, deshalb war Mlynická dolina lange vor den Einflüssen des vermehrten Tourismus geschützt. Es gab hier niemals eine Hütte und schon gar keine Mühle, die dem Tal ihren Namen verliehen hätte. Der Name ist vom Mlynica Bach [Mühlbach] abgeleitet, an dem zwar zwei Mühlen standen, jedoch nicht im Gebirge, sondern unten im Talkessel.

5

Georg Buchholtz schreibt im Jahr 1719 von der Lautschberger Mühle, Matej Bel zufolge standen zwanzig Jahre später zwei Mühlen in der Nähe von Štrba. Heute steht noch unterhalb von Tatranská Štrba ein Gehöft mit dem Namen Stredný Mlyn [Mittlere Mühle] wie schneller. Im Laufe weniger Jahrzehnte schrumpfte er von drei Hektar zu einem kleinen See von nicht einmal einem Hektar. Die oberen Terrassen von Mlynická dolina sind besonders seenreich. Die kleinen **Volie plieska** [Ochsenseen] erinnern an die Hirten von von Schafen oder Vieh. Man darf voraussetzen, daß der unbekannte Namensgeber eher an wilde Ziegen und -böcke dachte, also an Gemsen. Über ihr Vorkommen in Mlynická dolina schrieb schon vor über 250 Jahren der slowakische Gelehrte Matej Bel, der das Mlynicza

und nahe der Bahnstation von Štrba steht die bekannte Almhütte Starý Mlyn [Alte Mühle]. Auf einer Terrasse von Mlynická dolina liegt, oberhalb des Wasserfalles, der immer kleiner werdende **Pleso nad Skokom** [Bergsee über dem Skok]. In seinem Fall verläuft der unwiderrufliche Austrocknungsprozess, der allen Tatraseen droht, irgend- Štrba, die im Tal ihre Vieh- und Schafherden weideten, bis sie der Staat, der 1901 zum neuen Besitzer des Gebietes um Štrbské Pleso wurde, vertrieb. Weiter oben „wimmelt" es von **Kozie plesá** [Gemsenseen], es gibt aber auch ein **Capie pleso** [Gamsbocksee]. Das Weiden von Hausziegen auf den Almwiesen war nicht so verbreitet wie das Weiden Tal als „Garten der Heilpflanzen" charakterisierte, „die von der Natur durch die große Zahl der Bergziegen/(Gemsen) und Murmeltiere ausgesät wurden". In einer Höhe von 2 105 Metern über dem Meeresspiegel liegt der höchste, der Bergsee **Okrúhle pleso** [Runder See]. Ein Blick auf die markante runde Form dieses Karsees erklärt, warum die Namensgeber in seinem Fall nicht nach dem zoologischen Lehr- oder Wörterbuch gegriffen haben. Der schwerste Wegabschnitt beginnt am Capie pleso. Der Weg führt über viele Serpentinen in den Sattel Bystré sedlo. Der schwierige Aufstieg wird meist von gefährlichen sommerlichen Schneefeldern erschwert, deshalb empfiehlt es sich, die Tour nicht in entgegengesetzter Richtung zu unternehmen (der Abstieg ist immer schwieriger als der Aufstieg). Der Sattel **Bystrá lávka**** (2 300 m) ist der vierthöchste Paß über die Tatrakämme, zu ihm führt ein markierter Wanderweg.

2

Man hat von hier einen begrenzten Ausblick in die Täler – Mlynická und Furkotská dolina, in das letztere gelangt man über kurze Serpentinen, die eine riesige Geröllhalde durchqueren. Das **Nationale Naturreservat Furkotská dolina**** [Murmel-Tal] ist eines von fünf Tälern, die sich vom Kriváň nach Süden senken. Vom Abschluß bis zur Einmündung in den Talkessel Liptovská kotlina mißt es ungefähr dreieinhalb Kilometer. Es ist das östlichste Tatratal, aus dem das Wasser über

3

1 Tal Mlynická dolina 2 Wanderung 3 Tal Furkotská dolina

die Waag und die Donau zum Schwarzen Meer fließt, während das Wasser aus dem benachbarten Mlynická dolina über Poprad und Weichsel in die Ostsee fließt. Durch den Zusammenfluß des Furkota Baches und des Zlomisko-Baches aus dem Wahlenberg, der sich diese Ehre mit seinem erfolgreichen Botanisieren im Gebiet der Tatra im Jahr 1813 verdiente. Wahlenberg hat Furkotská dolina wahrscheinlich nie besucht, obwohl ihn seine Ausflüge auch in das Gebiet des Kriváň führten. ne See **Nižné Wahlenbergovo pleso*** ** nur 180 Tage im Jahr von einer Eisschicht bedeckt wird. Der Wanderweg weicht beiden Bergseen links aus. Auf der gegenüberliegenden Talseite wird die Aufmerksamkeit der Touristen von einem zer-

1 Tal Furkotská dolina 2 Ihla unter Ostrva

benachbarten Važec-Tal entsteht Biely Váh [die Weiße Waag]. Der Reiz von Furkotská dolina wird durch seine wunderschönen Bergseen erhöht. Die zwei größten sind Wahlenbergove plesá [Wahlenberg Seen]. Bereits zu Ende des 19. Jahrhunderts bekamen sie den Namen des namhaften schwedischen Wissenschaftlers und Forschers Göran Der See **Vyšné Wahlenbergovo pleso**** ist mit einer Höhenlage von 2 158 Metern der zweithöchste See der Tatra. Mit einer Fläche von 5,18 ha ist er der achtgrößte unter den Bergseen auf der slowakischen Seite des Gebirges. Interessant ist, daß sich das Eis ungefähr 300 Tage im Jahr darauf hält, währen der nicht ganz hundert Meter tiefer gelegeklüfteten Kamm gefesselt, der vom Ostrá (2 350 m) nach Süden ausläuft. Die Kammhöhe schwankt markant, spitze Felstürme, tiefe Spalten und Einschnitte wechseln sich ab. Besonders auffällig ist die tiefe Spalte zwischen Kozí roh und Ostrá veža. Sie reicht bis unter die Terrasse des Unteren Wahlenberg Sees, weshalb man vom Weg aus den Ein-

2

druck hat, sie würde in das Wasser des wunderschönen Bergsees eintauchen. Unterhalb der Seeterrassen hält sich der Weg an der linken Seite von Furkotská dolina. Man hört das Rauschen des Furkota-Baches bis zu ihm hinauf. Im „Verhalten" dieses Baches sieht der gegenwärtige Tatrakenner Ivan Bohuš den wahrscheinlichen Ursprung des Namens Furkotská dolina. Das Wasser des rasch fließenden Bergbaches springt über Steine im Bachbett - es spritzt [fŕka]. Der Weg taucht erst im unteren Teil des Tales in den Schatten des Waldes. Im Bereich der oberen Waldgrenze, ca. 1 600 Meter ü.d.M., wachsen neben Fichten auch viele Zirbelkiefern. Furkotská dolina hat das größte Vorkommen dieses schönen Gebirgsbaumes im Gebiet der Tatra.

Der Aufstieg zum **Kôprovský štít** ermöglicht den Touristen das ganze, acht Kilometer lange, **Mengusovská dolina**** [Mengsdorfer Tal] kennenzulernen, das zum Nationalen Naturreservat erklärt wurde. Die Route beginnt am östlichen Ufer von Štrbské pleso und führt auf der Magistrale nach Norden. Über eine leichte Steigung erklimmt der Weg mit Leichtigkeit den Gipfel des Moränenwalls, den man Trigan (1 481 m) nennt.
Die Moräne entstand durch zwei Gletscher, die während der letzten Eiszeit Mlynická und Mengusovská dolina ausfüllten. Hinter Trigan geht der Weg ent lang des südöstlichen Hanges des Patria (2 203 m), der den Abschluß des massiven Kammes - Hrebeň Bášt - bildet. Der Magistralenabschnitt zwischen Štrbské und Popradské pleso wird auch Sommerweg [Letná cesta] genannt, da er nur im Sommer geöffnet ist. Im Winter kommt man zum Popradské pleso auf dem sog. Winterweg, der entlang der Mengsdorfer Talachse (blaue Markierung) bei der vorletzten Station der elektrischen Tatrabahn, auf der Strecke Starý Smokovec - Štrbské Pleso, beginnt. Der Sommerweg ist im Winter von häufigen Lawinenabgängen aus den Osthängen des Kammes - hrebeň Bášt - bedroht.

Popradské pleso*** [Poppersee] liegt mitten im Wald 1 494 Meter über dem Meeresspiegel. Der See enthält mit einer Fläche von 6,88 ha ungefähr 450 000 m³ Wasser. Als einer der wenigen Bergseen mit Fischen hieß er früher Fischsee. Der heutige Name Popradské pleso hängt

1

Grundstücke Franz Máriássy. Der neue Besitzer, Fürst Hohenlohe, stellte sie den Touristen nur auf grossen Druck der Öffentlichkeit zur Verfügung. Die Poprad-Hütte, der man später den Namen Hauptmann Moraveks Hütte [Chata kapitána Morávka] gab, hat mehrere Umbauten hinter sich. Im Jahr 1961 stürzte unter der

mit dem Fluß zusammen, der von Süden in den See mündet. Das erste touristische Bauwerk an den Ufern des Popradské pleso entstand im Jahr 1879. Die einräumige, hölzerne Schutzhütte wurde mit dem Geld des Ungarischen Karpathenvereins gebaut und wurde nach dem Liptauer Untergespan Vojtech Majláth benannt. Ein Jahr später brannte die Majláth Hütte ab. Angeblich wurden die Kräutersammler der Brandstifterei beschuldigt, weil sie die Touristen als Eindringlinge sahen, die ihren Lebensunterhalt bedrohten. Die provisorische Schutzhütte wurde in dem unteren Teil von Žabia dolina versetzt und an ihrer Stelle im Jahr 1881 eine Steinhütte errichtet. Nach neun Betriebsjahren brannte auch diese ab. Um den Bau der bereits dritten Hütte, Poprad-Hütte genannt, kümmerte sich der Besitzer der hiesigen

1 Panorama vom Pass Sedlo pod Ostrvou aus 2 Hütte Chata pri Popradskom plese 3 Bergsee Popradské pleso

Schneelast der hölzerne Teil völlig ein. Das Ergebnis der nachfolgenden Umbauten ist das heutige **Berghotel am Popradské pleso**. Die Ausflugsroute führt vom Popradské pleso auf dem blau markierten Wanderweg in das Tal – **Hincova dolina***. Hincova dolina bildet zusammen mit dem Tal – dolina Zlomísk ein riesiges Taldreieck. Die hintere Seite des Dreiecks führt 6 Kilometer entlang des Tatrahauptkammes zwischen Čubrina (2 376 m) und Popradský Ľadový štít (2 396 m). Die zwei großen hinteren Täler werden von der Felswand des Poprad-Kammes

1 und 2 Bergsee Veľké Hincovo pleso

getrennt, die Wand ist auch der Grund dafür, daß man von Štrbské Pleso Rysy nicht sehen kann. Hincova dolina wird vom Westen durch den massiven Kamm - Hrebeň Bášt - abgegrenzt, der völlig mit nach „Schwefel stinkenden" Namen übersät ist, wie zum Beispiel Pekelník [svw. Teufel], Čertova štrbina [Teufelsspalt], Diablovina [Teufelei] oder Satan. Diese unübliche Teufel-Terminologie hat ihre Wurzeln in der übermäßigen Einbildungskraft der hiesigen Hirten, Gamsjäger und Schatzsucher.

Auf einer der Talterrassen in Hincova dolina, das angeblich nach dem Hirten Hinze (eine Dialektform von Ignatius) benannt wurde, befindet sich der größte und zugleich tiefste See auf der slowakischen Seite der Tatra. **Veľké Hincovo pleso***** [Grosser Hinze See] hat eine Fläche von 20,08 ha und eine Tiefe von 53 Metern. Er enthält fast 1 800 000 m^3 Wasser. Der tieferliegende **Malé Hincovo pleso** [Kleiner Hinze See] ist neunmal kleiner als sein grosse Nachbar. Im Abschluß von Hincova dolina liegen die drei **Mengusovské štíty** [Mengsdorfer Spitzen], die die Schatten ihrer monumentalen Nordwände auf die andere Seite, in das tiefe, polnische Tal Dolina Rybieho potoka werfen. Eindrucksvoll ist auch die Aussicht auf die sonnengebadeten Südwände der stolzen Tatradrillinge. Am höchsten ist Veľký Mengusovský štít [Grosse Mengsdorfer Spitze] (2 432 m). Der Wegbiegt am Veľké Hincovo pleso nach links und führt über Serpentinen zum Sattel - **Vyšné Kôprovské sedlo**** (2 180 m). Der Aufstieg geht vom Sattel auf dem rot markierten Weg bis zum Gipfel des **Kôprovský štít**** (2 363 m). Von Kôprovský štít hat man besonders auf die Hinze Seen, Rysy und den Vysoká eine schöne Aussicht. Nach der Rückkehr zum Sattel hat man zwei Möglichkeiten den Ausflug zu beenden. Die kürzere Route führt auf gleichem Weg durch die Täler - Hincova und Mengusovská dolina, nach Štrbské Pleso. Bedeutend länger ist die Wanderung auf dem blau markierten Weg durch die Täler Hlinská und Kôprová dolina nach Pod-

1

banské oder zu den Drei Brunnen [Tri studničky].

Zu den meistbesuchten Gipfeln der Tatra gehört, ohne Frage, der **Rysy** [Meeraugspitze]. Seine Popularität hängt besonders mit den Massenaufstiegen, die jedes Jahr Anfang August veranstaltet wurden, zusammen. Die Teilnehmer versuchen schon über vierzig Jahre, es W. I. Lenin gleichzutun, der angeblich um den 11. August 1913 aus dem polnischen Poronin zum Rysy aufgebrochen sein soll. Die traditionelle touristische

2

Veranstaltung, nahm schnell Massenausmaße an, und an einem Wochende wechselten sich manchmal auch mehr als dreitausend Menschen auf dem Gipfel ab. Nach der sanften Revolution verloren die Aufstiege den unerwünschten Massencharakter und den politischen Unterton. Bis zur Weggabelung im unteren Teil von Hincova dolina, bei der früher die Hinze Almhütte stand, ist die Aufstiegsroute zum Rysy mit der zur Kôprovský štít gleich. An der Weggabelung biegt der rot markierte Wanderweg nach rechts und überwindet durch zahlreiche Serpentinen die hohe Felsschwelle zum Tal – **Žabia dolina** [Froschtal]. Auf der untersten Talterrasse liegen die drei **Žabie plesá**** [Froschseen]. Veľké und Malé Žabie pleso bildeten in der Vergangenheit einen See. Der Name der Froschseen hängt mit einer Volkslegende zusammen, die den einsamen Felsen, der aus dem größeren der beiden Seen ragt, betrifft. Mit seiner Form sieht er einem Frosch ähnlich, was für den unbekannten Autor der Legende Grund genug war, ihn für eine versteinerte Kröte zu halten, die einen Schatz am Boden des Sees bewacht. Links, über dem Vyšné Žabie pleso kann man den auffälligen Kegel des **Žabia veža** (2 335 m) erblicken. Links von ihm liegt ein kleinerer Gipfel, der unter Bergsteigern sehr populäre **Žabí kôň** (2 291 m), mit sehr guten Klettermöglichkeiten entlang des exponierten, rasiermesserscharfen Kammes. Hinter dem „Verschnauf-Abschnitt" auf der unteren Terrasse von Žabia dolina, führt der Weg zu einem weiteren Felsgrad, wobei die exponierteren Traversen mit Eisenketten gesichert sind. Der Weg führt in ein kleines Tal unter dem Sattel Váha. Inmitten des Tales liegt die Hütte **Chata pod Rysmi*****. Mit ihrem Bau wurde 1933 begonnen und die Fertigstellung wurde von verschiedenen Problemen begleitet, wie Schneestürme und Steinlawinen.

3

4

1 und 2 Tal Žabia dolina 3 Hütte Chata pod Rysmi 4 Wanderung

Während des Zweiten Weltkrieges bot die Hütte verfolgten polnischen Bergsteigern Schutz vor den Nazis. Im Jahr 1977 wurde sie um ein Stockwerk aufgestockt. Die Hütte liegt in einer Höhe von 2 250 Metern ü.d.M. (ein in höheren Lagen zubereiteter heißer Kräutertee wird Touristen nur noch auf Lomnický štít [Lomnitzer Spitze] angeboten). Trotz technischer Hilfsmittel, wie Helikopter, wird die höchstgelegene Hütte der Tatra von Trägern versorgt. Es ist nichts Besonderes, auf den Wanderwegen zwischen Popradské pleso und der Hütte starke Männer mit vollgepackten Tragegestellen anzutreffen. Über die Träger der Tatra werden viele Legenden erzählt. Heutzutage wetteifern sie untereinander nicht nur um das größte Gewicht der getragenen Lasten.

Im Sattel **Váha**** (2 340 m) stehen die Touristen genau auf dem Hauptkamm der Tatra und bleiben bis Rysy darauf. Da in das gegen-

1 Auf dem Gipfel von Rysy 2 Rysy und Vysoká

überliegende Česká dolina [Tschechische Tal] kein Weg aus dem Sattel führt, müssen sich die Touristen mit einem Blick in diesen tiefen, schattigen „Ableger" des Tales Bielovodská dolina mit den Seen - Zmrzlé und České pleso - begnügen. Česká dolina hat mit der Tschechischen Republik oder den Tschechen nichts gemeinsam. Der Name entstand durch die falsche Schreibweise des polnischen und zugleich goralischen Wortes „ciezki" [klingt ähnlich wie český - tschechisch], das „schwer" bedeutet. Das Tal bekam ihn wahrscheinlich von den Jurgower Hirten, die den goralischen Dialekt sprachen. Für die Hirten war das Tal ein unwirtlicher Ort, wo man nur schwer wohnen und Schafe hüten konnte. Wenn man vom breiten Sattel auf die gegenüberliegende Seite von Česká dolina schaut, kann man die bekannte **Galerie des Ganek** studieren. Der Gipfel im Hauptkamm, der **Ganek** heißt (2 462 m), hat auf seiner nordwestlichen Seite eine auffällige Geröllrampe und senkt sich mit einer senkrechten, teilweise überhängenden Felswand zum Talboden. Diese 300 m hohe und ebenso breite Felsformation ist unter den Bergsteigern ein bekannter Begriff. Durch das

1 Symbolischer Friedhof 2 Über dem Bergsee Popradské pleso

Gewirr ihrer Kamine und Pfeiler führen dreißig Bergsteigerrouten, von denen manche zu Zeiten der Erstbesteigungen zu den Kletter-Höhepunkten der Tatra gehörten. Die schwierige Westwand der Galerie des Ganek wurde für einen der besten polnischen Bergstei ger der Zwischenkriegszeit, W. Birkenmajer, zum Verhängnis. Paradoxerweise wurde am Tag seines unglücklichen Todes, dem 16. April 1933, L. Chałubinski, der Nestor des Bergsteigens, der Mann, der als erster auf dem Gipfel der Galerie des Ganek nach dem kompletten Durchsteigen der Wand stand, in Zakopane beigesetzt. Der abschliessende Aufstieg zum **Gipfel des Rysy***** (2 503 m) dauert nicht ganz eine Stunde. Die Aussicht vom höchsten Berg Polens ist einzigartig.

Die erste, bekannte Besteigung des Rysy gelang im Jahr 1840 dem Verwalter von Starý Smokovec, Eduard Blásy, in Begleitung des bekannten Bergführers Ján Ruman-Driečny. Rysy nannten die Menschen am Fuße der Tatra früher den Veľký Žabí štít (2 263 m) und erst später gab man dem Gipfel im Hauptkamm seinen heutigen Namen. Der slowakische Name Rysy steht wahrscheinlich in keiner Beziehung zu unserer größten Wildkatze, dem Luchs [slowakisch Rys]. Er hängt eher damit zusammen, daß die Berghänge von vielen Mulden und Rinnen zerfurcht sind, was bei den Goralen „porysovane" [zerklüftet] heißt.

Ein sehr schöner Ausflug vom Popradské pleso führt auf der rot markierten Route zum Batizovské pleso.

2

1 Ruhepause eines Lastenträgers
2 Rumanová 3 Am Bergsee Batizovské pleso

Vom Berghotel am Popradské pleso führt zuerst der gelb markierte Wanderweg zum **Symbolischen Friedhof***** [Symbolický cintorín], der in jedem Fall einen Besuch wert ist. Zur feierlichen Eröffnung kam es am 11. August 1940. Der Symbolische Friedhof liegt im Schatten der Zirbelkiefern. Er besteht aus einer kleinen, schindelgedeckten Kapelle, geschnitzten Holzkreuzen und vielen Gedenktafeln. Die älteste gehört dem ungarischen Studenten und Bergsteiger Jenő Wachter, der auf tragische Weise beim Abseilen des Froschpferdes im Jahr 1907 starb. Es fehlen auch nicht Gedenktafeln der Tatrabergsteiger, die fern der Heimat, auf Bergsteigerexpeditionen ums Leben kamen. Die Zahl der Gedenktafeln ist leider nicht endgültig. So wie jedes Jahr die Zahl der Opfer steigt, kommen immer neue und neue Tafeln, die an traurige Begebenheiten erinnern, bei denen Menschen ums Leben kamen, dazu. Aus diesem Grund sollte jeder Besucher des Symbolischen Friedhofs das immer aktuelle Motto an der Kapellenwand lesen: „**Im Gedenken an die Toten – den Lebenden zur Warnung!**"

Die Ausflugsroute führt zurück zur Magistrale. Am Nordufer von Popradské pleso überquert sie über eine Brücke den Ľadový Bach, der aus dem Tal mit dem treffenden Namen **Zlomiská** [Trümmer Tal] fließt. Dieses Tal ist mehr als alle anderen Täler der Tatra von Felsbrocken und Geröll verschüttet, weshalb es seit jeher von Menschen gemieden wurde. Die unfruchtbaren Felsen waren ungeeignet zur Schaf- oder Viehweide. In das öde Zlomisko Tal verlief sich früher höchstens ein Schatzsucher oder ein einsamer Tatra-Wandergeselle. So verlassen, wie es in der Vergangenheit war, ist es auch heute, da keine Wanderwege in das Tal

führen. Vom Popradské pleso führt zum Sattel **Sedlo pod Ostrvou***** (1 966 m) ein Zickzackweg. Änlich wie die Serpentinen, die von der Hütte am Zelené pleso zum Sattel unter Svišťovka führen, gehört auch dieser Abschnitt, der sonst bequemen Tatra-Magistrale, zu den anspruchsvollsten. Der Aufstieg mit einem Höhenunterschied von 459 Metern erfordert viel Anstrengung. Der Lohn der Touristen besteht in der Aussicht auf Popradské pleso und die umliegenden Täler, Kämme und Gipfel. Ab dem Sattel führt der Weg durch eine merklich unterschiedliche Umgebung. Er traversiert entlang der mächtigen Ränder von Tupá und Končistá, die nie von der Glazialerosion betroffen waren. Man sieht auch im kleinen Tal Štôlska dolina keine Gletscherspuren überall nur riesige Geröllhalden. Der Krummholzgürtel kommt nur selten bis an die Magistrale heran, meist liegt die obere Grenze des Gürtels mehrere Meter tiefer. Der ganze Weg zum Batizovské pleso wird von schönen Aussichten in den Poprad-Talkessel und auf die Kämme der Niederen Tatra begleitet.

Das Nationale Naturreservat Batizovská dolina [Botzdorfer Tal], das nach der nahen Siedlung benannt wurde, ist ähnlich wie das Zlomisko Tal, touristisch nicht erschlossen. Es liegt zwischen Končistá (2 537 m) und Gerlachovský štít (2 655 m), die eine einzigartige Felskulisse bilden. Inmitten des Tales ragt ein einsamer Berg, **Kostolík** [Kirchlein] (2 261 m) in die Höhe, er ähnelt einer schlanken, gotischen Kirche. Kostolík erhielt traurige Berühmtheit durch den tragischen Tod des polnischen Bergsteigers W. Stanisławski und seines Kameraden W. Wojnar. Der legendäre Bezwinger vieler gefürchteter Tatrawände hatte mit seinem Freund in der Wand des Kostolík verhängnisvolles Pech, als bei einer nicht sehr schwierigen Passage plötzlich ein grosses Stück verwittertes Gestein unter ihnen wegbrach.

3

Vom malerischen Tal Batizovská dolina kann man auf der Magistrale über Sliezsky dom nach Starý Smokovec weitergehen oder die Tour in Vyšné Hágy beenden.

2

1

STARÝ SMOKOVEC UND UMGEBUNG

Das Gebiet von Starý Smokovec liegt zentral am südlichen Hang der Hohen Tatra. Von drei Seiten ist es von anderen Hochgebirgsgebieten der Tatra umgeben. Im Norden reicht es bis zum Tatra-Hauptkamm zwischen Popradský Ľadový štít und Východná Vysoká. Die Westgrenze bildet der Horst von Gerlachovský štít, die Ostgrenze der Horst von Slavkovský štít. Im Süden grenzt es an Popradská kotlina.

2

STARÝ SMOKOVEC [Altschmecks] (1 010 m ü.d.M.) ist das größte unter den „vier Smokovce", die am südlichen Hang der Spitze Slavkovský štít liegen und alle außer Dolný Smokovec zu einer Einheit zusammenwuchsen. Die Ortschaft mit dem Status einer Stadt und Sitz der Stadtverwaltung für alle Hochgebirgsgemeinden, ist das touristische Hauptzentrum der Tatra und ein wichtiger Verkehrsknotenpunkt. In Starý Smokovec treffen sich die Straßen aus Štrbské Pleso (15 km), Poprad (13 km) und Tatranská Lomnica (6 km). Es ist zugleich ein Eisenbahnknotenpunkt, in dem sich die elektrische Tatrabahn in die West-, die Ost- und die Südlinie teilt.

Das westlich von Starý Smokovec errichtete **NOVÝ SMOKOVEC** [Neuschmecks] (1 000 m ü.d.M.) erfüllte von Anfang an die Funktion eines Kurortes, und so ist es bis heute.

DOLNÝ SMOKOVEC [Unterschmecks] (890 m ü.d.M.) liegt als einziges der Smokovce nicht am „Weg der Freiheit" und ist auch nicht mit dem neuen Ort verschmolzen. Der Name verrät, daß seine Lage niedriger als die der Nachbarorte ist. Es liegt abseits der Straße zwischen Poprad und Starý Smokovec, ungefähr 2 km hinter ihrem Zusammenschluß mit dem „Weg der Freiheit".

Im Osten verschmolz **HORNÝ SMOKOVEC** [Oberschmecks] (950 m ü.d.M.) mit Starý Smokovec. Der Name paßt nur in Hinsicht auf Dolný Smokovec, nicht auf Starý und Nový Smokovec, die höher liegen. Horný Smokovec ist das jüngste der vier Ortschaften am Hang der Spitze Slavkovský štít.

Die Besichtigung der „Smokovce"-Ortschaften erfordert ungefähr zwei bis

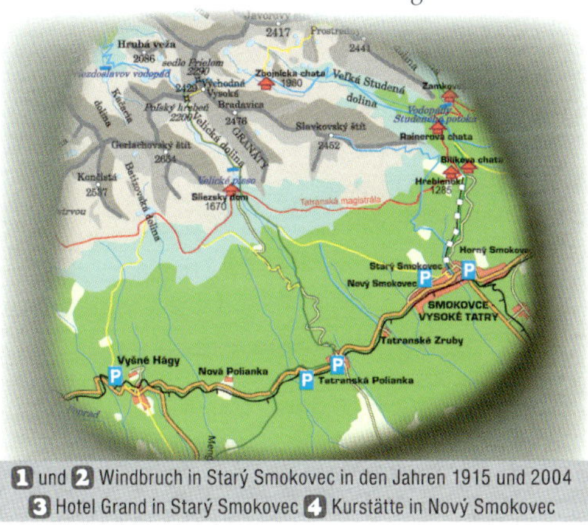

1 und 2 Windbruch in Starý Smokovec in den Jahren 1915 und 2004
3 Hotel Grand in Starý Smokovec 4 Kurstätte in Nový Smokovec

1

2

3

drei Stunden. Man kann am Parkplatz beginnen, der sich gleich neben dem Busbahnhof befindet. Direkt auf dem Parkplatz steht ein Holzaltan mit der Aufschrift Smokovecká kyselka. Darin fließt das erfrischende, leicht kohlensäurehaltige Mineralwasser aus der Csáky-Quelle. In Nachbarschaft zum eigentlichen Wasseraustritt der Quelle ist ein weiterer Wasseraustritt der Hygaea Quelle verborgen. Unter einem Holzverschlag sprudelt auch das Wasser aus den Quellen Castor und Pollux. Die letzte, fünfte Quelle, mündet in einen kleinen See vor dem Amphitheater.

Der älteste Teil der Smokovce lag zwischen dem Amphitheater und der Talstation der Standseilbahn. Zeuge vergangener Zeiten und Beispiel ältester Architektur ist die **Villa Flora****, aus dem Jahr 1839. Das Blockhaus wird heutzutage für Kulturzwecke genutzt. Hinter dem prunkvollen **Hotelbau Grand**** aus dem Jahr 1904, ein Werk des namhaften Budapester Architekten Giudo Hoepfner, steht die hölzerne, römisch-katholische **Kirche Mariä Unbefleckte Empfängnis** Sie wurde im Jahr 1894 nach dem Projekt des Tatra-Hofarchitekten Gedeon Majunke aus Spišská Sobota gebaut. Die nach Westen gerichteten Straßen und Wege führen in das Kurortareal von Nový Smokovec. Architektonisch reizvoll sind die sanierten **Szontagh-Sanatorien*** und das **Sanatorium Palace***. Das Hotel Tokajík, entstanden durch den Umbau der **Szontagh-Villa***, gedenkt mit einem Familienwappen seiner früheren Besitzer. Zentrales Motiv des Szontagh-Wappens ist die Sonne, ein Symbol für die in der klimatischen Balneologie genutzte Heilwirkung der Sonnenstrahlen. Der Pfad entlang des „Weges der Freiheit" führt zurück nach Starý Smokovec. Das Ortszentrum liegt auf beiden Seiten einer verkehrsreichen Straße. Nördlich der Straße liegt, neben dem schon erwähnten Hotel Grand, auch das Gebäude der **Stadtverwaltung***. Gegenüber befindet sich der Bahnhof, **Krokus*** (das ehemalige Hoepfner-Haus), ein Supermarkt (das ehemalige Kurhaus), das Gebäude des Bergrettungsdienstes von **TANAP*** und ein Gebäudekomplex, der durch Verbindung des ehemaligen Csáky- und Scepusia- Hauses entstand. Um von Starý Smokovec nach Dolný Smokovec zu gelangen, empfiehlt es sich, mit der Tatrabahn zu fahren (die erste

Haltestelle Richtung Poprad). Die architektonisch interessanten Kurhäuser und eine Holzkapelle stehen an der Straße, die Horný und Dolný Smokovec verbindet. Sie entstanden alle im Jahr 1890 nach dem Projekt von G. Majunke. Von Horný Smokovec führt ein bequemer Spazierweg nach Dolný Smokovec. Er führt an den modernen Hotels Bellevue und Sport vorbei.

Zu den beliebten Halbtagsausflügen aus Starý Smokovec gehört der Besuch der Wasserfälle von Studený potok. Man kann den Ausflug damit beginnen, daß man mit der Standseilbahn nach Hrebienok hinauffährt oder zu Fuß auf dem grün markierten Pfad aufsteigt.

Hrebienok*** [Kämmchen] (1 285 m), das auf dem südöstlichen Kammabschluß der Spitze Slavkovský štít liegt, gehört schon über ein Jahrhundert zu den attraktivsten Zielen der Tatra-Besucher. Das erste Gebäude entstand auf der sog. „Kanzel unter Hrebienok" im

1 Bad Nový Smokovec 2 Villa Szontagh 3 Kirche in v Starý Smokovec 4 Winter auf Jakubkova lúka
5 Villa Flóra 6 Bahnstation TEŽ Starý Smokovec

Jahr 1875. Es wurde vom Ungarischen Karpathenverein, dank der finanziellen Unterstützung der namhaften Budapester Sängerin und Pianistin Rosa Graef-Györffy gebaut. Die berühmte, aus der Zips stammende Künstlerin, spendete den Ertrag ihrer Konzerttournee. Das Gebäude bekam zu Ehren der großzügigen Mäzenin den Namen Rosas Hütte. Später wurde der Namen von Touristen verdreht und die Hütte, wegen der sie umgebenden, seltsamen, rosafarbenen Granitblöcke – Rosa-Hütte genannt. Nach achtzehnjährigem Betrieb brannte sie ab. Hrebienok verödete aber deshalb nicht, da schon mehrere neue Bauten um Rosas Hütte gewachsen waren. Im Jahr 1883 veröffentlichte der Käsmarker Anton Döller in der Zeitschrift Tátra-vidék den Vorschlag, einen Hochgebirgskurort, das Bad Studenopotocké Kúpele [Wildbad Kohlbach], zu gründen. Sein großartiges Projekt schloß den Ausbau von Hütten und Kurort-Bauten entlang des Weges, der von Hrebienok zu den Wasserfällen von Studený potok führte, ein. Im Kurort sollte das größte und am besten ausgestattete Hotel der Tatra, das „Zips", stehen. Neben der Erweiterung von „Rosas Hütte" plante der pensionierte Offizier Döller, die „Rainer-Hütte" bei der Mündung des Tales Veľká Studená dolina durch das Hotel Kamzík zu ersetzen. Das tatsächliche Aussehen des Bades Studenopotocké kúpele war jedoch weit entfernt von diesen Plänen, da die Tatsache, daß die Grundstücke auf Hrebienok und „Kanzel" mehrere Besitzer hatten, einen Strich durch die Rechnung machte. Die größte Initiative bei der Durchsetzung des Kurort-Projektes entwickelte die Forstgesellschaft aus Spišská Sobota, der die „Kanzel" gehörte. Ihr Verdienst war es, daß im Jahr 1884 das zweistöckige Hotel Kohlbach und ein Kurhaus gebaut wurden. Zehn Jahre später kam das Hotel Zips dazu, jedoch bedeutend kleiner und bescheidener, als es das Grandhotel-Projekt vorgesehen hatte. Eine, zur Zeit der Jahrhundertwende gebaute, breite Straße und die Standseilbahn von 1908 verhalfen dem Kurort zum Aufschwung. Mit der Bergstation wurde auch das Restaurant Kiosk mit Übernachtungsmöglichkeiten eröffnet. Dann kam das Jahr 1927 und ein großer Brand beendete die kurze Existenz des Bades Studenopotocké kúpele. Der Arzt Michal Guhr aus Tatranská Polianka kaufte die Kanzel-Grundstücke, mit den Überresten

1 Standseilbahn zum Hrebienok
2 Hrebienok in der Vergangenheit 3 Hrebienok heute

2

des ehemaligen Kurortes, von den Forstarbeitern aus Spišská Sobota. Unmittelbar darauf schenkte er sie dem Karpathenverein der Zipser Sachsen, der hier im Jahr 1934 die hölzerne Guhr-Hütte baute. Nach dem Zweiten Weltkrieg wurde sie in **Bilíkova chata*** – Bilík-Hütte – umbenannt, zu Ehren des Finanzinspektors aus Horný Smokovec – Pavol Bilík (1916-1944). Der erfolgreiche Skilangläufer und Mitglied der antifaschistischen Widerstandsbewegung wurde 1944 auf Schloß Kežmarok hingerichtet.

Im Jahr 1928 verband der damalige Besitzer der Tatrabahnen die obere Station der Standseilbahn und

3

Kiosk mit dem neuen Sporthotel (heute saniertes Gewerkschaftshotel **Hrebienok**). Seit den dreißiger Jahren ist die Gegend um Hrebienok ein beliebtes Ziel für Wintersportfans. Im Jahr 1956 wurde neben der Slalomwiese unter dem Slavkovský-Aussichtsturm der erste 750 m lange Skilift gebaut. Nach 1970 war die steile Wiese mehrmals der Austragungsort des Skiabfahrt-Weltcups. Eine große Attraktion ist auch die Abfahrt auf der hiesigen **Rodelbahn** von Hrebienok nach Starý Smokovec. Im Sommer gibt es verschiedene Radrennen - die Zeitfahrten der populären Slowakei Rundfahrt eingeschlossen - hinauf über die steile, asphaltierte Straße.

Hrebienok ist ein traditioneller Ausgangspunkt für Ausflüge in die Täler Veľká und Malá Studená dolina, zum Bergsee Skalnaté pleso, zum Haus Sliezsky dom und zur Spitze Slavkovský štít. Direkt von Hrebienok aus hat man einen schönen Ausblick auf die Spitze Lomnický štít. Der zweithöchste Gipfel zeigt dem Betrachter seine Westwand, über die eine der populärsten Bergsteigerrouten der Tatra, die berühmte „Hokejka" [Eishockeyschläger] führt. Das von Hrebienok aus nächste, und am häufigsten besuchte Ziel sind die Wasserfälle von Studený potok. Zu ihnen führt ein Abschnitt der Magistrale, die Hrebienok mit Skalnaté pleso verbindet. Der rot markierte, bequeme Wanderweg führt zu der Stelle, wo die rauschenden Gewässer der Wildbäche aus den Tälern Veľká und Malá Studená dolina ineinander fließen. Früher stand an der Mündung des Tales Veľká Studená dolina die von den Bürgern aus Stará Lesná 1884 gebaute Hütte Kamzík. Im ursprünglichen Döllerprojekt des Bades Studenopotocké kúpele sollte sie die bescheidene Schutzhütte ersetzen, die noch auf die Initiative des damaligen Pächters von Starý Smokovec, J. G. Rainer hin, irgendwann in den sechziger Jahren des 19. Jahrhunderts erbaut wurde. Touristen, die zu den Studená-Tälern und der Spitze Lomnický štít gingen, gaben ihr den Namen **Rainerova chata****. Die Hütte Kamzík wurde dann in ihrer Nähe gebaut und Rainers Hütte wurde zum Brennstofflager seiner wesentlich größeren und mehrstöckigen Nachbarin umfunktioniert. Die Hütte Kamzík wurde im Jahr 1980 saniert und kurze Zeit später ereilte die Rainer Hütte beinahe „das gleiche Schicksal". Die großen Bemühungen, diese älteste Berghütte der Tatra zu retten, wurden im Jahr 1983 von Erfolg gekrönt, als dieses wertvolle, historische Denkmal erfolgreich rekonstruiert wurde. Nach der Besichtigung der Wasserfälle von Studený potok kann man auf dem gleichen Weg nach Hrebienok und Starý Smokovec zurückkehren, oder weiter zu den Hütten Zbojnícka chata, Téryho chata oder auf der Magistrale zum See Skalnaté pleso gehen.

Hrebienok ist auch der Ausgangspunkt für einen weiteren Halbtagsausflug zum Bergsee **Velické pleso**** [Velker Bergsee]. Die Magistrale führt leicht steigend durch einen Wald und wird dann stellenweise steiler. Nach ungefähr zwei

Kilometern erreicht sie den Krummholzgürtel und man hat einen schönen Ausblick auf das breite Massiv der Spitze Slavkovský štít auf der rechten Seite und den Poprad-Talkessel auf der gegenüberliegenden Seite. Der Weg weicht einer kleinen Anhöhe aus, hinter der sich der kleine Bergsee **Slavkovské pleso*** (1 676 m) versteckt. Im Kessel der Slavkovský-Seen waren ursprünglich drei kleine Seen, zwei sind jedoch verschwunden. Im Jahr 1878 ließ der Ungarische Karpathenverein bei den Bergseen eine steinerne Schutzhütte errichten, die Wanderern diente, die zur Spitze Slavkovský štít, auf der heute nicht mehr benutzten

1 Unter Hrebienok früher 2 und 3 Hütte Rainerova chata früher und heute

Route, gingen. Im Jahr 1882 wurde die Hütte von einer mächtigen Lawine aus der Mulde des Slavkovský štít zerstört. Eine Gruppe von Sportlern fing mit dem Bau einer neuen Hütte auf einem scheinbar sicheren Platz an. Als jedoch eine Lawine im Frühling 1945 das provisorische Baustofflager verschüttete, ließ man von dem Vorhaben ab. Auf der rechten Seite des Weges liegt das terrassenartige Tal **Slavkovská dolina** [Schlagendorfer Tal], es wird vom Kamm der Spitze Slavkovský štít und den Türmen Granátové veže eingeschlossen. In der Vergangenheit wurde es besonders von Hirten aus Veľký Slavkov genutzt. Am Talende befinden sich, 2 040 m ü.d.M., **Szontaghovo pleso** und **Malé Szontaghovo pliesko**, zwei Bergseen, die nach dem Gründer von Nový Smokovec - M. Szontagh senior - benannt sind. Das Tal Slavkovská dolina ist touristisch unerschlossen, und Wanderer müssen entlang der Traverse von Senná kopa (1 848 m) weitergehen, hinter der sich die Magistrale sanft in das Tal Velická dolina senkt. Auf der niedrigsten Talstufe liegt, 1 663 m ü.d.M., der Bergsee **Velické pleso**. Der längliche, Moränen-See, hat eine Fläche von 2,22 Hektar und eine Tiefe von 5 Metern. Nach einer Erfrischung im Haus Sliezsky dom (siehe Seite 83) kann man unter drei Varianten den Rückweg wählen. Die längste führt auf der Magistrale über den See Popradské pleso zum See Štrbské pleso. Die kürzeste und bequemste Variante führt auf dem grün markierten Wanderweg nach Tatranská Polianka. Auf dem gelb markierten Weg kommt man, über den südlichen Hang der Spitze Slavkovský štít, direkt nach Starý Smokovec.

1 Climbing 2 Spitze Slavkovský štít

Zu den interessantesten Ganztagsausflügen von Hrebienok aus gehört die Tour zur Spitze Slavkovský štít, die mit ihrem typischen, runden Gipfel die nicht wegzudenkende Bergkulisse der Smokovce bildet. In der Vergangenheit bestiegen Touristen sie von der Südseite. Auf die Initiative des Beamten Maximilian Weisz aus Smokovec (1845-1925) wurde in den Jahren 1902 bis 1908 eine neue Route erschlossen, die entlang des Kammes Štrbavý hrebeň zum Gipfel von Slavkovský štít führt. Leicht steigend, führt der blau markierte Wanderweg zuerst durch den Wald. Bevor er die Magistrale kreuzt, führt er an der Stelle vorbei, die man **Päť prameňov** [Die fünf Quellen] nennt. Die Kur- und Hotelgäste von Smokovec suchten die hiesigen Quellen bereits ab der Hälfte des 19. Jahrhunderts auf. Ein von J. G. Rainer 1862 angelegter Spazierweg ermöglichte das. Zusammen mit dem Weg entstand auch ein hölzerner Altan, dem die Touristen den Spitznamen „Rainers

Denkmal" gaben. Heutzutage dienen die Quellen der Trinkwasserversorgung von Smokovce. Der Weg verläßt den Wald knapp vor dem Aussichtspunkt **Slavkovská vyhliadka*** (1 531 m). Das Plateau im Kamm Štrbavý hrebeň wurde Anfang des zwanzigsten Jahrhunderts

zu einem Aussichtsplateau ausgebaut, von dem man einen wunderschönen Blick in das Tal Veľká Studená dolina hat. Der Aussichtspunkt bekam von Touristen den Beinamen „Maximilánka", zu Ehren seines Gründers Maximilan Weisz. Von dort steigt der Weg über Serpentinen, zuerst entlang des Südhanges und dann entlang des Kammes Štrbavý hrebeň auf. Der Blick beiderseits des Weges zeigt den unterschiedlichen Charakter der Kammhänge. Diese auffällige Asymmetrie des Slavkovský-Kammes kann man gut aus Tatranská Lomnica beobachten. Der nach Süden gerichtete, leicht gegliederte, von geschlossenen Geröllhalden bedeckte Hang bildet einen markanten Kontrast zu den im Norden liegenden, abschüssigen, von vielen Felsmulden, Turmpfeilern und Wänden zerfurchten, steil in das Tal Veľká Studená dolina abfallenden Hängen. Diese Asymmetrie ist das Resultat der Gletschereinwirkung während der Eiszeit. Die Nordhänge der Spitze Slavkovský štít wurden vom Gletscher des Tales Veľká Studená dolina gespaltet, während der, in den Talkessel gerichtete Südhang von der zerstörenden Glazialerosion verschont wurde. Der Vorgipfel von Slavkovský štít heißt **Nos*** [Nase] (2 272 m). Einer Volkssage zufolge soll, während einer Gamsjagd, sogar der ungarische König Matthias Corvinus persönlich dort oben gewesen sein, deshalb wird der Gipfel auch als Königsnase bezeichnet. Die Aufstiegsroute geht rechts um Nos herum und führt über Serpentinen zum Gipfel der Spitze **Slavkovský štít**** [Schlagendorfer Spitze] (2 452 m). Die majestätische Spitze mit ihrer auffälligen, runden Form gehört zu den erstbestiegenen Gipfeln der Tatra. Die älteste, im Jahr 1664 von Georg Buchholtz senior unterschriebene Urkunde spricht von der Besteigung der „Schlagendorfer Spitze". Buchholtz´s Erstbesteigung führte entlang der Südseite, wo auch die winterliche Erstbesteigung von E. Blásy mit dem Führer Gellhof im Januar 1873 stattfand. Slavkovský štít erfreute sich, dank der leichten Zugänglichkeit, großer Beliebtheit bei den Bergsteigern und wurde zu einem der meistbesuchten Gipfel der Tatra, besonders nach der Eröffnung des sog. Weisz-Pfades im Jahr 1908. Anfang des Jahrhunderts dachte man sogar an den Bau einer Seilbahn zum Gipfel, die dann jedoch Lomnický štít bekam. Der Abstieg ist nur auf dem gleichen Weg möglich. Die Auf- und Abstiegszeit wird durch Benutzung der Standseilbahn nach Hrebienok verkürzt.

TATRANSKÁ POLIANKA [Weszterheim] (1 005 m ü.d.M.) liegt auf beiden Seiten des „Weges der Freiheit", zwischen Starý Smokovec (3 km) und Štrbské Pleso (11 km). Aus dem Ort führt in südlicher Richtung eine Seitenstraße nach Gerlachovo (3 km) und Svit (8 km).

Zu den kurzen Spaziergängen von Tatranská Polianka aus gehört auch der Ausflug zur Veľká Žltá stena [Große Gelbe Wand]. Ungefähr einen Kilometer westlich von Tatranská Polianka, vor der Brücke über den Bach Velický potok, führt ein nicht markierter Waldweg nach Norden, der nach nicht ganz einer halben Stunde unter eine gelbgefärbte Wand führt. **Veľká Žltá stena*** ist eine beachtenswerte, geologische und archeologische Erscheinung. Ursprünglich war sie 60 Meter hoch, was sie zur höchsten geologischen Abdeckung von Quartärsedimenten in der Slowakei macht. Sie zeigt die Ablagerungen von Fluß- und Glet-

schersedimenten im Tal Velická dolina über einen Zeitraum von über einer Million Jahren. Als Alexander Münnich im Jahr 1894 Spuren einer Siedlung der Puchauer Kultur fand, zeigten auch die Archeologen großes Interesse an der Wand. Detailierte Untersuchungen bestätigten die Existenz einer ungefähr zweitausend Jahre alten Siedlungsformation, deren Bewohner Bergbau und Eisenverhüttung betrieben.

Ein Ganztagsausflug von Tatranská Polianka aus ist die Besteigung des Východná Vysoká. Man hat Gelegenheit, das sehr attraktive Tal Velická dolina kennen zu lernen und bekommt einzigartige Ausblicke auf den höchsten Gipfel der Tatra - Gerlachovský štít. Die Route führt von Tatranská Polianka über den grün markierten Wanderweg bis zum Sattel Poľský hrebeň. Der untere Abschnitt steigt bis zum **Sliezsky dom**** [Schlesisches Haus] leicht an und führt größtenteils durch Fichtenwälder. Unterhalb der Velický-Brücke stößt der Weg für kurze Zeit mit einer asphaltierten Straße (nur mit der Erlaubnis von TANAP befahrbar) zusammen, die in weitem Bogen auch zum Gebirgshotel Sliezsky dom beim **Bergsee Velické pleso****

1 und 2 Tatranská Polianka früher und heute 3 Berghotel Sliezsky dom am Anfang des 20. Jh 4 Bergsee Velické pleso

führt. Der Weg kreuzt außerdem auch zweimal den rauschenden Bach Velický potok. Den Krummholzgürtel erreicht man kurz vor der Weggabelung, von wo der gelb markierte Weg bergab nach Starý Smokovec führt. Eine ausgezeichnete den Namen Blásy´s Hütte, nach ihrem Erbauer Eduard Blásy (1820-1888) aus Veľká, dem mit Recht große Verdienste an der touristischen Erschließung der Bergwelt und dem Alpinismus während der zweiten Hälfte des 19. Jahrhun- Vyšná Velická poľana gebaut wurde. Sie wurde nach dem namhaften ungarischen Geographen Johann Hunfalvy aus Veľký Slavkov benannt. Nach der Eröffnung von Sliezsky dom war sie für Lastenträger, Bergführer und die

1 Kvetnica und Spitze Gerlachovský štít 2 Lastenträger beim Aufstieg

Gelegenheit für eine kurze Pause und eine Erfrischung bietet den Touristen Sliezsky dom. Das Gebirgshotel am Westufer des Bergsees Velické pleso ist das größte Hochgebirgsquartier der Tatra. Es liegt in einer Höhe von 1 670 m ü.d.M. Bereits im Jahr 1871 wurde am Velické pleso die erste Schutzhütte angelegt. Sie bekam derts zugeschrieben werden. Die Hütte wurde besonders von Kurgästen, die aus Smokovce kamen benützt. Nach zwei Betriebsjahren wurde die bescheidene Hütte von einer Lawine aus den Velické Granáty zerstört. Im Jahr 1878 wurde sie durch die neue Hunfalvy Hütte ersetzt, die auf der Almwiese Dienerschaft reicher Touristen reserviert. Die stabilen Grundmauern der ursprünglich hölzernen Hütte kann man noch heute von der Magistrale aus sehen. Am zweiten Juni wurde, trotz vieler Neider, ein neues Schutzhaus am Bergsee Velické pleso feierlich eröffnet. Da es von der Schlesischen

Sektion des Ungarischen Karpathenvereines, mit Sitz in Breslau bewirtschaftet wurde, bekam es den Namen „Sliezsky dom" – Schlesisches Haus. Die Hütte wurde mehrmals umgebaut. So wurde zum Beispiel bei der Renovierung in den Jahren 1957 bis 1959, beim Bau des hohen Satteldaches, das erste Mal ein Helikopter eingesetzt. Das sanierte Objekt brannte in der Nacht vom 29. zum 30. November 1962 aus. Nach dreijährigen Projektvorbereitungen wurde mit dem Bau eines neuen, großzügig bemessenen Gebäudes begonnen. Im Jahr 1968 war es fertiggestellt. Oberhalb des Bergsees Velické pleso erhebt sich die erste Stufe des terrassenförmigen Tales **Velická dolina**** [Felker Tal] mit dem wunderschönen, 15 Meter hohen Wasserfall **Velický vodopád*** [Felker Wasserfall]. Das fünfeinhalb Kilometer lange Gletschertal, zwischen dem Massiv der Spitze Gerlachovský štít und dem Kamm der Velické Granáty, hat vier Riegel und ein kurzes Gletschertal. Die Talterrasse über dem Velický vodopád bekam wegen ihrer botanischen Farbenpracht den Namen Kvetnica [Blumengarten]. David Fröhlich beschrieb sie in der ersten Hälfte des 17. Jahrhunderts als einen Kräutergarten, Kräuter im Sinne von Heilpflanzen. Auch der namhafte schwedische Botaniker und Forscher Göran Wahlenberg, ließ bei seinem berühmten Tatra-Besuch im Jahr 1813 den „Blumengarten" nicht aus.

2

Vom **„Kvetnica"**** biegt ein nicht markierter, schmaler Pfad nach links ab. Er führt in die sog. „Velická próba", die übliche Aufstiegsroute des **Gerlachovský štít***** (2 655 m). Die übliche Abstiegsroute ist die sog. „Batizovská próba", die auf der anderen Seite in das Tal Batizovská dolina abfällt. Wer den höchsten Gipfel der Tatra besteigen will, soll dies nur unter der Leitung eines Bergführers machen. Der Bergrettungsdienst, mit Sitz in Starý Smokovec, bietet Bergsteigern die Dienste erfahrener Bergführer, nach einer festen Preisliste, an. Der Aufstieg zum Gerlachovský štít ist zwar technisch nicht anstrengend, birgt aber viele Gefahren. Besonders trügerisch sind die plötzlichen Wetterwechsel. Viele Touristen haben sich bei schlechter Sicht in dem ausgedehnten, unübersichtlichen Massiv leicht verirrt. Für einige Wagemutige wurde diese klassische Tour zum Verhängnis.

Auf der Talterrasse über „Kvetnica", 1 929 m ü.d.M., liegt der Bergsee **Dlhé pleso*** [Langer See], der seinen Namen seiner langgezogenen Form verdankt. Der Karsee hat eine Fläche von 0,63 Hektar und eine Tiefe von 5 Metern. Über dem Dlhé pleso führt der Wanderweg links um den Berg

Guľatý kopec (2 125 m). Die mitten im Tal liegende Felserhöhung ist mit ihrer runden Form ein typisches Beispiel für den Gletscherschliff des Untergrundes durch einen Talgletscher, der das Tal Velická dolina während der letzten Eiszeit bis zu einer Höhe von zweihundert Metern ausfüllte. Der Weg steigt über Serpentinen, entlang einer Geröllhalde, bis in den Sattel **Poľský hrebeň**** [Polnischer Kamm] (2 220 m), von hier aus kann man in das Tal Bielovodská dolina weitergehen oder den Gipfel des **Východná Vysoká** besteigen. Der Name des Sattels hängt damit zusammen, daß er früher oft von Schmugglern benutzt wurde, die ihre Waren aus und nach Polen transportierten. Poľský hrebeň verbindet den zackenartigen Abschnitt des Hauptkammes der Tatra mit der Spitze Zadný Gerlachovský štít, die unter Bergsteigern als Martinovka bekannt ist. Das Durchsteigen des Kammes gehört zu den traditionellen Bergsteigerunternehmen in der Tatra.

1 Wanderung mit einem Bergführer 2 Východná Vysoká

Der kurze, aber anstrengende Aufstieg auf die gegenüberliegende Seite des Poľský hrebeň, entlang des gelb markierten Wanderweges, führt auf den **Východná Vysoká**** (2 429 m) und belohnt den Alpinisten mit einem schönen Panoramablick in die wundervolle Hochgebirgslandschaft.

Näher zu Vyšné Hágy liegt am Fuß der Spitze Gerlachovský štít der Kurort **NOVÁ POLIANKA** (1 060 m ü.d.M.). Er entstand nur ein Jahr nach dem Zweiten Weltkrieg. Dominierend ist die moderne Militärheilanstalt für Tuberkulose und Lungenkrankheiten.

Der Bau wurde vom Architekten M. M. Harminc entworfen. Sie dient seit 1956 ihrem Zweck.

VYŠNÉ HÁGY [Hoch-Hagi] (1 125 m ü.d.M.) ist einer der bedeutendsten Kurorte der Hohen Tatra. Er liegt unter der Einmündung des Tales Batizovská dolina in den Talkessel Popradská kotlina, zwischen Štrbské Pleso (7 km) und Starý Smokovec (8 km). Die ersten Patienten konnten ihre Kur, in der damals größten Heilanstalt Mitteleuropas, erst am 1. Juni 1941 beginnen. Die moderne, achtstöckige, 270 Meter lange **Heilanstalt*** hatte 1 950 Betten. Die Einrichtung, die ursprünglich der Heilung von Tuberkulose dienen sollte, wurde später mit Erfolg auch von Patienten mit anderen Lungenkrankheiten aufgesucht.

2

TATRANSKÁ LOMNICA UND UMGEBUNG

Das Gebiet von Tatranská Lomnica ist das östlichste Gebiet am südlichen Fuß der Tatra. Der größte Teil liegt im Tatra-Gebiet selbst, doch es berührt auch das Gebirge Belianske Tatry und den Bergkessel Popradská kotlina. Im Norden reicht es bis zum Hauptkamm der Hohen Tatra und den Belianske Tatry und im Südosten grenzt es an die mittlere Zips. Die Grenze mit dem Nachbargebiet Smokovce führt durch die Gebirgsgabelung des Berges Slavkovský štít.

TATRANSKÁ LOMNICA [Tatralomnitz] (850 m ü.d.M.) ist das östlichste von drei Hauptzentren der Touristik am südlichen Bergfuß der Hohen Tatra. Die Gemeinde liegt am „Weg der Freiheit“, 6 km nordöstlich von Starý Smokovec. Eine günstige Straßen- und Bahnverbindung gibt es zur Stadt Poprad, von der sie nur 18 km entfernt ist.

Der Stadtrundgang kann vor dem Hotel Lomnica beginnen. Unterhalb des Hotels, links im Park, befindet

1 Kežmarský štít **2** Hotel Lomnica in Tatranská Lomnica **3** Kirche in Tatranská Lomnica

sich ein Gebäude mit einer Fassade, die an eine Tatraspitze errinnert. Es ist das **Museum des Tatra Nationalparks - TANAP****, das im Jahre 1957 mit der Übernahme des Tatramuseums in die TANAP-Verwaltung, entstand. Zwei Jahre danach wurden die ersten Expositionen im ehemaligen Széchényi Lusthaus geöffnet. Aus diesen provisorischen Räumen wurden dann die Ausstellungen in diesen modernen Bau übersiedelt, in dem sich auch die **Forschungsstation des TANAP** befindet. Im September 1969 wurde, anläßlich des 20. Jahrestages der Kodifizierung des TANAPs, dieses Museum eröffnet. Der Architekt des neuen Gebäudes ist Pavol Merjavý, der für dieses den „Dušan Jurkovič Preis" bekam. Die Besichtigung dieses Museums kann für Besucher ein guter Anfang sein, die Naturschönheiten der Tatra, ihre Geschichte und Gegenwart zu erkennen. Das Museum ist in naturwissenschaftliche, historische, ethnographische und Naturschutz Abteilungen gegliedert. Zu den wertvollsten Exponaten der historischen Ausstellung gehört das Herbarium der Heilkräuter des Mönchs Cyprián von der Gemeinde Červený Kláštor aus dem 18. Jahrhundert.

1

2

3

1 Tatranská Lomnica am Anfang des 20. Jh. 2 Museum TANAP
3 Grandhotel Praha 4 Tatranská Lomnica vom Flugzeug aus

4

1

Im Gebäude unterhalb des TANAP Museums hat die **Verwaltung des TANAP** ihren Sitz und etwas weiter befindet sich ein **Kulturzentrum** mit einem Kino, einer kleinen Galerie und Geschäften. Die Besichtigung von Tatranská Lomnica führt dann in die Gegenrichtung. Hinter dem „Weg der Freiheit" erstreckt sich noch der Waldpark, der die Besucher dazu verlockt, gemütlich unter den großen Fichten zu ruhen. Begegnungen mit verspielten Eichhörnchen sind hier nichts Seltenes. Am Ende des mäßig steigenden Weges kann man den schönen, schlanken Turm der **evangelischen Kirche** aus dem Jahre 1902 sehen. An der rechten Seite des Weges steht eine **römisch-katholische Kirche***, ein einfaches Gebäude aus dem Jahre 1900. Die nach rechts abbiegende Straße führt zum prächtigen Jugendstilbau des **Grandhotel Praha***, hinter dem sich die Talstation der ehemaligen Seilbahn auf die Spitze Lomnický štít befindet. Von der Kreuzung vor der Kirche kann man auch südwestlich gehen. Dieser Weg führt am **Hotel Slovan** und dem **Erholungsheim Morava*** vorbei zur nächsten Kreuzung. Die Abzweigung zwischen der **Pension Sasanka und dem Café Fiaker bar** führt zur Talstation der **Kabinenseilbahn** zum Bergsee Skalnaté pleso**. Die Straße führt weiter zum **Sportareal na Jamách*** und mündet in den „Weg der Freiheit". Der Pfad hinter dem Erholungsheim Morava führt rechts zu einer der schönsten Stellen in Tatranská Lomnica. Von der Wiese unter dem Erholungsheim Morava hat man einen sehr schönen Ausblick auf die Silhouette der Berge Lomnický štít und Kežmarský štít, die hinter dem Erholungsheim aufragen. Dieses klassische Motiv kann man auf vielen Ansichtskarten von Tatranská Lomnica sehen. Der Pfad führt weiter nach unten, durch den Waldpark bis zum „Weg der Freiheit". Hinter diesem befinden sich in der Nähe des Bahnhofs mehrere Bauten. Den Spaziergang kann man dann im gemütlichen Café des ältesten Hotels Lomnica oder in anderen, für die Tatra typischen Lokalen beenden. Tatranská Lomnica ist heutzutage das Zentrum des Winter- und Sommersports im östlichen Teil der Hohen Tatra. Das Sportangebot hier ist sehr groß. Außer Wandern und Bergsteigen kann man hier skifahren, langlaufen, Snowboard fahren, eislaufen, schwimmen, Tennis und Minigolf spielen sowie radfahren.

Ein Ausflug mit dem Sessellift auf die Spitze **Lomnický štít***** [Lomnitzer Spitze] gehört zu den größten, touristischen Attraktionen und erfreut sich großer Beliebtheit. Der Lift überwindet in wenigen Minuten einen Höhenunterschied von mehr als 1 700 m und bringt die Touristen auf 2 634 m ü.d.M. Nur die 2 655 m hohe Spitze Gerlachovský štít, die ungefähr 7 Kilometer in südöstlicher Richtung liegt, ist größer – nicht nur in der Tatra sondern auch im Karpatengebirge. An ihrem auffällig abgeschrägten Gipfel kann man sie leicht erkennen. Wenn das Wetter schön ist, hat man vom Lomnický štít einen guten Rundblick. Über die Belianske Tatry sieht man bis zur polnischen Ebene und nach der anderen Seite kann man, mit guten Augen, ein ganzes Fünf-

2

3

4

1 Tatranská Lomnica von der Spitze Lomnický štít aus 2 Skifahrer in Lomnické Sedlo 3 Kabinenseilbahn nach Skalnaté pleso 4 Seilbahn zur Spitze Lomnický štít

1 und 2 Wasserfälle Vodopády Studeného potoka
3 Skalnaté pleso und Spitze Lomnický štít

tel der Slowakei überblicken. Bei schlechtem Wetter aber, das in diesen Höhen sehr oft herrscht, umgibt die enttäuschte Touristen nur „weißer Nebel", durch den man kaum die meteorologischen Anlagen, die sich ein paar Meter über der Terasse befinden, erkennen kann. Regelmäßige, meteorologische Beobachtungen werden hier schon ab dem Jahre 1940 gemacht. Nach kurzer Unterbrechung zu Ende des Zweiten Weltkrieges, wurde die Arbeit dieser meteorologischen Station am 1. Jänner 1947 wieder aufgenommen und bis heute bietet sie wertvolle Daten zu den extremen, klimatischen Bedingungen im Hochgebirge. Diese Station ist die höchst gelegene Station der Slowakei. In den 50er Jahren kam noch eine Forschungsstätte für Astronomen des Physiklaboratoriums für kosmische Strahlung und die Korona-Forschungsstation des Astronomischen Institutes der Slowakischen Akademie der Wissenschaften dazu.

Der Fichtenwald oberhalb von Tatranská Lomnica ist ideal für angenehme und leichte Wanderungen auf den gut ausgestatteten Wegen. Der blau markierte Weg führt die Touristen ganz bequem zu den Wasserfällen **Vodopády Studeného potoka*****. Von der

Station der Kabienenseilbahn, über die Pension Sasanka, folgt der Weg, ungefähr einen Kilometer weit, der Route, auf der die leise knisternden Seilbahnkabienen verkehren. Dann zweigt der Weg in einen dichten Wald ab, der nur hier und da durch eine Waldlichtung aufgelockert wird. Nach eineinhalb Stunden leichten Gehens, kommt der Weg zur Weggabelung in der Nähe der vier mittleren Kaskaden des Baches Studený potok. Sie gehören zu den meist besuchten, touristischen Zielen der Hohen Tatra. Sie bilden ein kompliziertes System von mehrstufigen Kaskaden. Den oberen Wasserfall **Obrovský vodopád**** kann man sehr gut von der Brücke auf der Tatra-Magistrale sehen. Weißes, schaumiges Wasser bricht in 20 m Tiefe in die Talenge zwischen zwei Felsen. Der tiefer liegende Wasserfall **Trojitý vodopád*** hat in der deutschen und ungarischen Sprache einen poetischen Namen „Wasserfall der Künstler". Versteckt im Wald ist er weniger von Touristen besucht. Unterhalb der Verbindung des Baches Veľký Studený potok mit dem Bach Malý Studený potok liegen noch weitere vier Wasserfälle. Der höchstgelegene ist die Kaskade des **Malý vodopád***. In einer Höhe von 1 247 m liegt **Skrytý vodopád***. Unter diesem, in einer Höhe von 1 226 m ü.d.M. befindet sich das untere Ende der Kaskaden von **Veľký vodopád****. Seine höchste Kaskade beträgt 13 m. Auch der Wasserfall **Dlhý vodopád*** liegt am Bach Studený potok, gerade gegenüber der Hütte Bilíkova chata auf Hrebienok und ist über den gelb markierten Weg nach Tatranská Lesná erreichbar.

Die meisten Touristen wollen schnell über die Waldgrenze gelangen und zwischen den Krummholzkiefern und den Felsen spazierengehen. In Tatranská Lomnica ist dafür ein Sessellift, der zum **Skalnaté Pleso***** fährt, bestimmt. Das Tal **Skalnatá dolina – ein Nationales Naturreservat**** – zählt zu den kleinsten Haupttälern der Tatra, aber an Schönheit kann es mit je-

3

dem anderen konkurrieren. Den Hauptverdienst daran haben das unzertrennliche Paar der Berge Lomnický štít (links) und Kežmarský štít (rechts) im Hintergrund des Tales, zwischen denen der zackige Gipfel des **Vidly** hockt. Die höchste Felsenterrasse des Tales hat den Namen **Cmiter**. Dieser Namen stammt wahrscheinlich von den Hirten, die die Ruhe dieses Tales unterhalb des Vidly an die Stimmung eines Dorffriedhofes erinnerte. Die majestätische Ruhe von Cmiter kontrastiert mit dem Lärm, der mit dem Wind vom Bergsattel Lomnické sedlo kommt, wo alljährlich auf dem steilen Hang Hunderte von Skifahrern bis zum späten Frühling fahren. Nachdem man diese übervölkerte Umgebung von Skalnaté Pleso gesehen hat, kann man schnell in die Ruhe der Felsen, der Krummholzkiefern und des Fichtenwaldes entlang des wenig besuchten, blau markierten Weges flüchten. Der Weg führt bis zur **Sternwarte des Astronomischen Institutes der Slovakischen Akademie der Wissenschaften***, mit zwei typischen drehbaren Kuppeln für astronomische Fernrohre. Der Weg fällt leicht nach Nordosten ab. Kurze Unterbrechungen bieten viele schöne Naturszenerien – z.B. ein Blick

1

zurück – die Ansicht des Massivs der Lomnitzer Spitze von der Seite, die sich nur sehr selten in Bildpublikationen findet. Ebenso interessant sind auch offene Ausblicke auf die Seite des Talkessels Popradská kotlina,

2

dessen Grund ganze 1000 m tiefer liegt. Hinter dem Kessel **Huncovská kotlina** sinkt der Weg in einen flachen Bergsattel **Sedlo pod Malou Svišťovkou*** (1 522 m) und, ein Stück weiter unten, endgültig in den Wald ab. Mit einem großen Bogen führt dieser über **Vyhliadka*** (1 202 m) zur Zwischenstation der Seilbahn – **Štart**. Dieser Name hängt damit zusammen, daß früher ungefähr von diesem Platz aus das Rennen auf der ältesten Rodel- und Bobbahn (im Jahre 1908 oberhalb des Lomnitzer Grandhotels gebaut) startete. Von Štart führt der grün markierte Weg bis nach Tatranská Lomnica (1/2 Stunde).

Der touristische Teil dieses Ausfluges beginnt beim Bergsee Skalnaté pleso (1 751 m), zu dem man mit einer der Lomnitzer Seilbahnen fahren kann. Die Route führt im ersten Abschnitt über die Magistrale (rote Markierung) in Richtung Hrebienok. Der Pfad führt zuerst durch den Krummholzgürtel. Die südöstliche Richtung hält der Weg bis zum Aussichtspunkt **Lomnická vyhliadka** (1 525 m), der eine einmalige Aussicht auf das Hauptziel des Ausfluges – die Täler Veľká Studená dolina und Malá Studená dolina bietet. Von diesem Aussichtspunkt dreht sich der Weg in nordwestliche Richtung und sinkt in die Vegetationsstufe des Waldes. Nach mehr als einer Stunde, seit dem Aussteigen aus der Seilbahn, kommt der Besucher zu einer Straßenkreuzung, ab der man weiter auf einem blau markiertem Weg gehen kann.

Nach einigen Metern kommt die erste Möglichkeit zur Erfrischung an der Hütte **Zamkovského chata*** (1 475 m). Diese wurde im Jahre 1943 von einem berühmten Tatrabergsteiger, Bergführer und Hüttenverwalter (der Hütte Téryho chata), Štefan Zamkovský (1908-1961), gebaut. Die Hütte wurde verstaatlicht und in Hütte Chata kpt. Nálepku umbenannt (Nálepka: Partisanführer, der 1943 bei der ukrainischen Stadt Ovruč gefallen ist). Im Jahre 1993 wurde sie wieder von Stanislav Tichý dem Enkel Zamkovskýs, umbenannt.

3

4

1 Hütte Skalnatá chata 2 Pass Sedlo pod Veľkou Svišťovkou
3 Sternwarte auf Skalnaté pleso 4 Auf der Spitze Lomnický štít

Das Tal **Malá Studená dolina** ist ein typisches, stufiges Tatratal, das in der Eiszeit vom Gletscher modelliert wurde. Den Namen „malá“ (klein) bekam es hauptsächlich darum, weil es kleiner als sein Zwilling Veľká Studená dolina (veľká - groß) ist. Die untere Schwelle dieses Tales ist 130 m hoch. Sie liegt unterhalb der Hütte Zamkovského chata und hat den Namen Schodíky. Über diese Schwelle fließt der Wasserfall Obrovský vodopád herab. Oberhalb der Hütte durchkreuzt das Tal ein niedriger Moränenwall. Die obere Schwelle des Tales (200 m hoch) überwindet der Wanderweg mit mehreren Serpentinen. Die obere Schwelle hat den Namen Jazerná stena und ist in die Hänge Malý svah und Veľký svah geteilt. Die Bergsteiger nennen diese „Veľký hang“ und „Malý hang“. Der Bach Studený potok überwindet Jazerná stena mit dem Wasserfall Zlatý vodopád, über dem sich das Tal, 2000 m ü.d.M., zu einem System mehrerer Gletscherkare verbreitert, die man Kotlina Piatich Spišských plies nennt. Der Pfad zwischen den Hütten Téryho und Zamkovského überwindet einen Höhenunterschied von 540 m. Ein durchschnittlich rüstiger Tourist durchwandert diesen Teil der Route in ungefähr 2 Stunden. Ein typisches „U“ im Querschnitt des Tales „umklammmern“ die zwei hohen, geteilten Bergkämme. Auf der rechten Seite liegt der Lomnitzer Kamm und auf der linken Seite der Bergkamm Prostredný hrebeň, der eine Traverse zwischen den beiden Tälern Malá Studená dolina und Veľká Studená dolina bildet.

Nach dem anstrengenden Überwinden der Jazerná stena kommt eine Belohnung in Form einer Erfrischung in der Hütte **Téryho chata*****
(2 015 m) mit einem phantastischen Blick auf das Naturamphitheater im Abschluß des Tales Malá Studená dolina. Der Vater der Idee, eine Hütte auf der oberen Terasse des Tales Malá Studená dolina zu bauen, war ein bekannter Pionier des Bergsteigens in der Tatra, Edmund Téry (1856-1917). Die einstöckige Steinhütte wurde feierlich am 21. August 1889 eröffnet.

Das Talbecken Kotlina Piatich spišských plies grenzt an eine Reihe von Tatragip-

(2 440 m) ragt eine dreieckige Wand – **Žltá stena** (2 169 m) auf, die im ewigen Schatten liegt. Diese nicht große, aber sehr exponierte Wand ist unter den Bergsteigern sehr beliebt. Vor der Hütte Téryho chata kann man ruhig Grog oder Tee trinken und dabei aus der Nähe die Leistung der Bergsteiger, die mit ihren Eisen behängt sind, bestaunen. Die Wand Žltá stena ist für die Besucher der Hütte so etwas wie eine Naturbühne, wo die Bergsteiger die Schauspieler und die Touristen dankbare Zuschauer sind.

Der gelb und grün markierte Weg führt von der Téry Hütte zum **Dolinka pod Sedielkom** pod **Širokou vežou** (2 461 m). Die Ruhepausen auf den Serpentienen zeigen einen schönen Ausblick auf die Seen **Päť spišských plies****. Die Seen sind

feln, die zu den höchsten des ganzen Gebirges zählen. Vier von diesen sind höher als 2600 m. Die Scheitelpyramide der Lomnitzer Spitze wendet dem Talbecken ihre Westseite zu, die ein klassischer Bergsteigerpfad namens „Hokejka" [Eishockeyschläger] kreuzt. Im Nordwesten liegt der höchste Gipfel des Haupttatrakammes – **Ľadový štít** (2 627 m). Von den Steilwänden des Gipfels **Prostredný hrot**

1 Hütte Zamkovského chata 2 Fünf Bergseen Päť spišských plies
3 Hütte Téryho chata

1

einfach nach ihrer Zahl und Lage in der Zips benannt. Der größte ist Veľké spišské pleso mit einer Gesamtfläche von 3,48 ha. Alle sind typische Karseen. Im Dolinka pod Sedielkom führt ein grün markierter Weg zum Bergsattel Sedielko, der mit seiner Seehöhe von 2 372 m der höchst gelegene, zugängliche Bergsattel der Tatra ist. Nach dem Sattel Sedielko führt der Pfad über ein Geröll- und Schneefeld zum zweithöchsten Bergsattel **Priečne sedlo***** (2 312 m). Der Aufstieg zu diesem, von der Hütte Téryho chata aus, dauert ungefähr 1,5 Stunde. Das Überwinden des letzten Teiles erleichtern Ketten.

Vom Sattel Priečne Sedlo hat man einen wunderschönen Ausblick auf den Bergsee **Modré pleso****, der mit 2 190 m ü.d.M. der höchstgelegene Bergsee der Tatra ist. Der Name kommt von der scheinbar dunkelblauen Farbe des Wassers, das von den umliegenden Bergen beschattet ist. Seine Fläche beträgt 0,4 ha und die Tiefe ist 4,5 m. Unter den südlichen Hängen des **Baranie rohy** (2 526 m), am entgegengesetzten Ende des Tales Malá Studená dolina, liegt noch höher der kleine Bergsee **Baranie pleso**. Es wird ihm allerdings sein „Höhen-Rekord" unter den Tatrabergseen nicht zugestanden, da er manchmal ganz versiegt.

Eine eher eingeschränkte Aussicht vom Priečne sedlo, zur südwestlichen Seite, zeigt den Touristen, die von der entgegengesetzten Seite kommen, zum ersten Mal das Tal **Veľká Studená dolina***. Der Abstieg zur Hütte **Zbojnícka chata***** (1 960 m) dauert ungefähr 1,5 Stunde. Diese Hütte entstand ziemlich spät erst im Jahre 1907. Sie wurde als Jägerhütte aus Stein gebaut. Ursprünglich besaß sie nur einen Raum, wurde umgebaut und drei Jahre später der touristischen Öffentlichkeit übergegeben. Sie wurde wegen ihres kalten und feuchten Inneren von den polnischen

1 Tal Veľká Studená dolina 2 Hütte Zbojnícka chata

Bergsteigern „Márnica“ (Leichenhalle) genannt. Im Jahre 1924 wurde sie wieder vom Klub der tschechoslowakischen Touristen umgebaut, und es wurde ein ständiger Hüttenwirt angestellt. Die letzte Renovierung der Hütte hat die Unterkunfts- und Verpflegungskapazität erhöht. Der Name der Hütte ist von den Naturschönheiten des Tales Veľká Studená dolina abgeleitet (die Bergseen Zbojnícke plesá, der Bergsattell Zbojnícke sedlo, der Berg Zbojnícka kopa). Das Tal Veľká Studená dolina überrascht mit der Größe des obersten Teiles. Der weite Schluß des Tales ist in 6 Gletscherkare gegliedert. Der Gletscher, der das Tal Veľká Studená dolina in der letzen Eiszeit gefüllt hat, hinterließ mehrere Gletscherrinnen, gewölbte und durch den Gletscher geschliffene Felsen und ausgehöhlte „Schüsseln“. Mehrere dieser „Schüsseln“ füllen heutzutage die Seen aus. In dem Tal Veľká Studená dolina befinden sich 26 kleine Seen, die ein Sechstel aller Bergseen der Tatra darstellen. Dies gilt nur für die Anzahl, der Gesamtfläche oder dem Wasservolumen nach, würde die Prozentzahl viel kleiner sein. Der größte Bergsee **Ľadové pleso**** hat eine Fläche von 1,72 ha. In nicht ferner Vergangenheit konnte sich das Tal Veľká Studená dolina des wahrscheinlich größten Tatra-Karsees rühmen. Dieser See, der von einer Schlußmoräne abgedämmt wurde, hatte wenigstens 60 ha in der Fläche (3x so groß wie der Bergsee Veľké Hincovo pleso). Er war wahrscheinlich durch den Bach Studený potok, der den Moränendamm durchbrach, entstanden. Von der Hütte Zbojnícka chata in Richtung der Tatra-Magistrale kommt ein blau markierter Weg. Einen Teil des Tales begrenzt an der linken Seite der Kamm Prostredný hrebeň, und von rechts fällt auf den Boden des Tales Veľká Studená dolina der Nachmittagsschatten des Gebirgsnebenkammes des Berges Slavkovský štít, mit dem

1

höchsten Berg des Tales – der **Bradavica** (2 476 m). Der Abstieg zur Seilbahnstation am Hang des Hrebienok dauert bei normalen Bedingungen nicht länger als 3 Stunden.

KEŽMARSKÉ ŽĽABY (902 m ü.d.M.) ist ein kleiner Urlaubsort am „Weg der Freiheit", ungefähr 4 km von Tatranská Lomnica und 5 km vom Kessel Tatranská kotlina entfernt. Nicht mehr als 1 Kilometer vor der Gemeinde Kežmarské Žľaby (von Tatranské Matliare kommend), überquert der „Weg der Freiheit" den Bach **Kežmarská Biela voda**. Der in der Nähe liegende Weiler wurde Biela voda genannt. Seit dem Jahre 1925 stand hier eine Privatpension des Käsmarker Unternehmers Rudolf Palenčár. Diese ist im Jahre 1948 abgebrannt. Unterhalb des „ Weges der Freiheit" sprudelt die Quelle **Kyslý prameň**. Diese liegt am Rande des **Nationalen Naturreservates Mokriny***. Das Gebiet wurde 1991 zum Schutz des Moores, das früher viel größer war, zum Reservat erklärt und umfaßt 160 ha. Es gehört zu den wertvollsten, naturwissenschaftlichen Zonen Mitteleuropas. Für die Öffentlichkeit ist es nicht zugänglich.

Der Weiler Biela voda ist der günstigste Ausgangspunkt ins Tal **Dolina Kežmarskej Bielej vody****. Von der Bushaltestelle Biela voda führt durch den Wald ein sanft ansteigender, gelb markierter Weg. Die Breite der Straße ermöglicht die Versorgung der Hütte Brnčalova chata durch Pferdewagen. Nach einem einstündigen, leichten Marsch taucht die Quelle **Šalviový prameň** (1 100 m) auf. Der Name kommt von dem hier wachsenden Bergsalbei, der angeblich nur an „gesunden" Wassern wächst. Hinter der Quelle führt der gelb markierter Pfad über die Brücke, über einen sanften Hang, bis zur Waldwiese **Kovalčíkova poľana**. Eine felsige Straße steigt zur Brücke und bis zum Krummholzgürtel empor. Von dort bietet sich ein schöner Ausblick auf den Schluß des **Tales Dolina Zeleného**

1 Umfeld von Tatranské Matliare 2 Hütte Chata pri Zelenom plese früher 3 Hütte Chata pri Zelenom plese heute

plesa**, des nächstens Wanderzieles. Nach 3 Stunden können die Wanderer die Schönheit der Hochgebirgsnatur bei einem heißen Tee, vor der Hütte **Chata pri Zelenom plese*****, genießen. Die Hütte liegt im Tal Dolina Zeleného plesa auf einer Seehöhe von 1 551 m. Viele kennen sie unter dem Namen Brnčalova chata. Die Hütte dient den Wanderern und Bergsteigern schon ein ganzes Jahrhundert, sie war aber nicht die erste im Tal. Am Nordufer des Bergsees stand schon im Jahre 1880 die hölzerne „Egidhütte", die aber nach 3 Jahren abbrannte. Zwei Brände verwüsteten auch die zweite „Egidhütte", die am Südufer des Bergsees errichtet worden war. Die dritte Hütte war schon ein Ziegelbau. Diese wurde am 27. August 1897 feierlich eröffnet und zu Ehren des Erzherzogs Friedrich - Fridrichova chata genannt. Seit dem Ersten Weltkrieg war diese ganzjährig geöffnet. In der Zwischenkriegszeit wurde sie zweimal umgebaut und vergrößert. Zu gleicher Zeit wurde die Hütte auch umbenannt - Chata pri Zelenom plese. Nach dem letzten Umbau, im Jahre 1950, wurde aus dieser die Hütte Brnčalova chata, nach dem Lehrer und Bergsteiger, der im selben Jahr, im nicht weit entfernten Tal Malá Zmrzlá dolina, tragisch verunglückte. Im Jahre 1992 bekam die Hütte den ursprünglichen Namen wieder. Den Reiz der Hüttenumgebung vervielfacht der Bergsee **Zelené pleso**** [Grüner See] (1 545 m). Der See mit einer Fläche von 1,77 ha ist der größte im östlichen Teil der Tatra. Freunde der Tatra besuchen ihn schon seit dem 17. Jahrhundert. Die Benennung des Sees hängt mit grünen „Flecken" zusammen, die durch Quellen auf dem Seeboden verursacht werden.

Von diesem Bergsee aus ist die Aussicht in jede Himmelsrichtung interessant. Wenn man den **Jastrabia veža** (2 137 m) im Rücken hat, sieht man eine riesige Felsenwand. Beugt man sich nach hinten, kann man die höchste, vertikale Wand der Tatra, auf der Nordseite des Berges **Malý Kežmarský štít** [Kleine Käsmarker Spitze] (2 514 m) mit den Augen messen. Vom Bergfuß bis zur Spitze mißt die Wand respektable 900 m. Diesen dreieckigen Granitmonolit durchquert ein schräger Felsensims, dessen Name Nemecký rebrík – Deutsche Leiter ist. In dieser Wand gibt es sieben schwere Kletterrouten. Der schwierigste Aufstieg ist die „Superdiretissima", der geradeste Weg, der durch die Wandmitte führt.

Westlich des Bergsees liegen die Täler **Veľká Zmrzlá dolina** und **Malá Zmrzlá dolina**. Beide gehören zu den höchst gelegenen Tälern der Tatra. Die Berge in der Umgebung werfen in sie lange Schatten, darum taut dort der Schnee langsamer, und auch noch mitten im Sommer befinden sich hier große Schneefelder. Vor langer Zeit war das Tal Veľká Zmrzlá dolina ein beliebtes Ziel für Sommerskifahrer. Hinter dem Firnschnee in diesem Schattental mußte man eine hohe Felsenschwelle übersteigen, die mit eisernen Ketten gesichert war. Die derzeit gültige Besuchsordnung des TANAP erlaubt es nicht, au-

2

1 Jastrabia veža und Hütte Chata pri Zelenom plese 2 Blick auf den Bergsee Zelené pleso

1

2

ßerhalb der markierten Skipisten zu fahren, und Skifahren im Tal ist nicht möglich. Von der Hütte am See Zelené pleso aus beginnt eine echte Tatra-Hochgebirgstour. Den Touristen, die gerne auf der Bergspitze des Jahňací štít stehen möchten, bleibt ein ungefähr zweistündiger, technisch nicht schwieriger Aufstieg. Ein schmaler, gelb markierter Weg überwindet die 200 m hohe Schwelle des Tales **Červená dolina**, die mit Latschen bewachsen ist und führt zum Bergsee **Červené pleso** (1 811 m). Höher liegt der See **Belasé pleso** (1 865 m), an welchem der Weg schräg, durch mehrere Rinnen und Rippen unterhalb des Felskammes, zwischen den Bergen **Kolový štít** (2 418 m) und **Jahňací štít**** (2 230 m) vorbei führt.

TATRANSKÁ KOTLINA [Höhlenheim auch Höhlenhain] (760 m ü.d.M.) ist die östlichste und am tiefsten gelegene Niederlassung in der Tatra-Region. Sie liegt unter dem östlichen Abschluß der Belianske Tatry, nahe der markantesten Biegung des „Weges der Freiheit". Tatranská Kotlina ist 9,5 km von Tatranská Lomnica, 8 km von Ždiar und 10 km von Spišská Belá entfernt.

Touristisch interessant ist der Ausflug auf dem grün markierten Wanderweg zum See Veľké Biele pleso. Die erste interessante Station ist die Quelle **Šumivý prameň***, die im Wald, 855 m ü.d.M. liegt. In Čierna voda zweigt der blau markierte Wanderweg nach Kežmarské Žľaby ab. Der grün markierte Wanderweg führt über leichtansteigende Serpentinen in das Tal **Dolina Siedmich prameňov**** [Tal der sieben Quellen]. Dieses relativ kleine Tatratal wird besonders gern von Botanikern und Freunden der Tatra-Pflanzenwelt besucht. In der schönen Kalksteinlandschaft trifft man ab und zu auf botanische „Expeditionen", die von Mitarbeitern der Forschungsstation oder des TANAP Museums organisiert werden. Nicht umsonst wird das Tal ein natürlicher, botanischer Garten genannt. Dank dem Kalksteinsubstrat und einer ziemlichen Abgeschiedenheit, wachsen im Tal Dolina Siedmich prameňov, das nicht von der Eiszeit beeinträchrigt wurde, viele wertvolle, endemische Pflanzenarten.

Eine kurze Erholungsmöglichkeit, aber ohne Hüttenbetrieb, bietet die **Hütte Plesnivec*** [Edelweiß] (1 209 m). Es ist die einzige Hütte in den Belianske Tatry, die den Touristen nicht zur Verfügung steht.

Landschaftlich interessant ist der Abschluß des Tales Dolina Siedmich prameňov - ein Amphitheater von weißen Kalksteinwänden, mit dem bekannten **Skalné vráta** [Steintor]. Der Wanderpfad führt in Traversen von der Hütte Plesnivec aus über den Südhang des Bujačí vrch ins Nachbartal Kežmarská Biela voda und zum Talabschluß, der von einigen Gletscherkaren gegliedert wird. Nach Überschreiten des Napájadlový Baches im Tal Predné Meďodoly, führt der Weg durch den Krummholzgürtel und überschreitet die Schwelle zum Tal der weißen Bergseen, die den merkwürdigen Namen Jerusalem trägt. Sehr eindrucksvoll ist das Tal **Dolina Bielych plies** [Tal der weißen Bergseen], das am Ende des Talsystems von Kežmarská Biela voda liegt. Früher wurde es oft von Hirten und Goldgräbern aufgesucht. Im Tal, unterhalb des kegelförmigen Jahňací štít, liegen einige Bergseen. Der größte ist **Veľké Biele pleso****, an dem bis vor kurzer Zeit die Kežmarská chata [Käsmarkhütte] stand. Die Hütte wurde von Soldaten unter der Leitung von General Votruba gebaut und hieß deshalb zu Anfang Votruba-Hütte. Im Herbst 1942 wurde sie saniert und an ihrer Stelle eine geräumige, zweistöckige Hütte errichtet, die den Namen Käsmarkhütte bekam. Nach mehrjährigem Betrieb brannte sie im Jahr 1974 ab. Nach dem Feuer wurde sie nicht mehr erneuert.

Am See Veľké Biele pleso beginnt die bekannte Tatra-Magistrale, der längste touristische Wanderpfad der Tatra. Als Tourziel bieten sich mehrere Mög-

1 Spitze Jahňací štít **2** Bergrettungsdienst im Einsatz **3** Hütte Plesnivec

lichkeiten an. Außer der Rückkehr nach Tatranská Kotlina, auf gleichem Wege, kann man auf der Magistrale zur Hütte am Zelené pleso und von dort aus weiter nach Kežmarské Žľaby oder nach Tatranské Matliare.

Die Höhle **Belianska jaskyňa***** [Belaer Tropfsteinhöhle] ist die einzige erschlossene Höhle der Tatra. Der

Höhleneingang liegt 885 m ü.d.M. Die Höhle wurde von Schatzsuchern im Jahr 1718 entdeckt, obwohl man annimmt, daß sie schon in prähistorischen Zeiten von Menschen als Unterschlupf benutzt wurde. Das Verlangen nach Gold führte Michal Scholtz unter die Erdoberfläche, seinen Besuch bestätigte er mit Unterschrift und Jahreszahl auf den Wänden des sog. Musiksaales im unteren Teil der Höhle. Von seiner Entdeckung wußte man lange Zeit nichts. Erst am 5. August 1881 bemerkte der Förster Július Husz, zusammen mit Johann Britz, bei der Jagd eine Öffnung zwischen morschen Bäumen, aus der eisige Luft strömte. Mit Hilfe von Fackeln und Seilen liessen sich die beiden Entdecker bis zur sog. Parnas-Wand im „Dom der Entdecker" hinab. Nach dem Entdeckerpaar betraten weitere Höhlenforscher die Höhle und untersuchten allmählich alle Höhlenräume. Dank ihrer Arbeit konnte nach einem Jahr die Belaer Tropfsteinhöhle für die Öffentlichkeit erschlossen werden. Trotz der beschwerlichen und damals relativ gefährlichen Besichtigung der Höhle, wurde sie in den ersten drei Monaten von 600 Besuchern aufgesucht. Der Eintritt, der bis dahin 80 Groschen betrug, stieg auf ein Goldstück und 80 Groschen. Pro Tag waren drei Höhlenbesuche gestattet. Der Führer mußte eine Besichtigung auch dann machen, wenn er nur einen Gast hatte. Heutzutage führt die Besichtigung auf einer 1001 m langen Route entlang, sodaß der Besucher mehr als die Hälfte von den 1 752 m der entdeckten und erforschten Höhlengängen sehen kann.

3

1 Bergsee Veľké Biele pleso **2** und **3** Höhle Belianska jaskyňa

ŽDIAR UND UMGEBUNG

Das Gebiet von Ždiar liegt auf der nördlichen Seite der östlichen Tatra. Im Norden wird es vom Hauptkamm der Spišská Magura, im Westen von der polnischen Staatsgrenze, die von Lysá Poľana aus südwärts durch Bielovodská dolina, über Žabí hrebeň bis zum Gipfel Rysy führt, begrenzt. Die südliche Grenze des Ždiar-Gebietes bilden die Hauptkämme der Hohen Tatra und der Belianske Tatry.

1

2

ŽDIAR [Morgenröthe] (896 m ü.d.M.), eine typische Goralengemeinde, ist ein lebendiges Freilichtmuseum der Volksarchitektur. Schönheit gewinnt sie auch durch die Lage zwischen den felsigen Belianske Tatry [Belaer Kalkalpen] und

der bewaldeten Spišská Magura. Ždiar erstreckt sich entlang der Podtatranská-Furche; parallel zur Dorfachse verläuft von Tatranská Kotlina nach Lysá Poľana der „Weg der Freiheit" (Cesta Slobody). Das Zentrum der 6 km langen Gemeinde ist 13 km vom Grenzübergang nach Polen entfernt, und der kürzeste Weg in die Bezirkshauptstadt Poprad beträgt 34 km.

Nach dem Ersten Weltkrieg wurden die ursprünglichen Bauernhäuser den Anforderungen des Touristenverkehrs angepaßt. Die aus einem Trakt bestehenden Bauten wurden auf zwei und mehrere Trakte erweitert, um so Touristenzimmer zu gewinnen. Die Erbauer dieser Häuser ließen sich von den Häusern niederhauerländischen Typs inspirieren, die zum Beispiel im polnischen Zakopane verbreitet sind. Zu einer teilweisen Veränderung des ursprünglichen, architektonischen Stils der Gemeinde kam es erst nach dem Zweiten Weltkrieg, als die Denkmalschützer aus Unachtsamkeit die Modernisierung einiger Holzhütten von Ždiar nicht verhinderten. Trotzdem blieb im heutigen Ždiar der vorwiegend originale Charakter, mit einem Minimum an modernen Häu-

3

1 und 2 Fenster aus Ždiar 3 Kirche in Ždiar 4 Ždiar vom Flugzeug aus

4

sern, erhalten. Vier der wertvollsten Volksbautenensembles wurden im Jahr 1977 zu **Denkmalreservaten der Volksarchitektur** erklärt. Besonders typisch sind die Dreiraum-Blockhäuser, die zusammen mit den Wirtschaftsgebäuden geschlossene Atrien bilden. Die Blockhäuser haben eine charakteristische blaue Verfugung, die Fensterrahmen und Holzbalken sind mit Volksmotiven verziert. Auch einige neuere Gebäude halten an der traditionellen Architektur fest. Ein Beispiel ist das beliebte, stilvolle **Restaurant Ždiarsky dom**.

Die Gemeinde Ždiar ist wegen ihrer einzigartigen Folklore bekannt. Noch vor kurzem zogen die Bewohner von Ždiar an Sonn- und Feiertagen ihre traditionellen Volkstrachten an. Heutzutage sieht

1 und 2 Volkskunt in der Tatra
3 Kirche Tatranská Javorina

man diese wunderschönen Trachten nur noch bei Auftritten von Folklorevereinen oder zusammen mit anderen Exponaten der Volkskunst und des Handwerks in der Museumsaustellung im bekannten **Ždiarska izba****. Großer Beliebtheit erfreuen sich auch die Veranstaltungen, bei denen Touristen die einzigartige Möglichkeit geboten wird, die wundervollen Goral-Trachten anzuziehen und an einer inszenierten Ždiar-Hochzeit teilzunehmen.

Die touristischen Möglichkeiten der Wanderer sind zur Zeit durch die Sperrung der Wanderwege im Gebiet der Belianske

3

Tatry ziemlich beschränkt. Ziel der Sperrung ist die Wiederherstellung des durch den Tourismus gestörten, ökologischen Gleich gewichts in diesem Teil des Gebirges. Im Jahr 1991 wurden 5 408 Hektar dieses einzigartigen Gebietes zum Nationalen **Naturreservat Belianske Tatry** [Belaer Kalkalpen] erklärt. Der einzig zugängliche Wanderweg blieb der grün markierte Weg entlang der Reservatsgrenze und der an ihn anschließende **Lehrpfad Monkova dolina – Kopské sedlo****. Der Lehrpfad wurde im Jahr 1993 eröffnet. Der Weg verläuft quer über Belianske Tatry, hat eine Länge von 6 km und überwindet einen Höhenunterschied von 900 m. Er ist nur in der Sommersaison, in einer Richtung - von unten - und nach Entrichtung eines Eintrittsgeldes zugänglich. Den Touristen stehen sechs Stationen zur Verfügung, auf denen Wissenswertes über die Belianske Tatry präsentiert wird. Auf Flugzetteln findet man Informationen über die Stationen.

TATRANSKÁ JAVORINA [Uhrngarten] (1 000 m ü.d.M.) ist eine kleine Gemeinde inmitten weiter Wälder an den Nordhängen der Hohen Tatra. Sie befindet sich an der Mündung des Tales Javorová in die flache Podtatranská-Furche. Von Ždiar ist Tatranská Javorina 11 km und vom Grenzübergang nach Polen in Lysá Poľana 2,5 km entfernt.

Wanderungen und Ausflüge im Nordteil der Tatra unterscheiden sich in vielem von den klassischen

Wanderungen im Süden des Gebirges. In die wenigbesuchten, nördlichen Täler kommen jene Menschen, die die majestätische Stille und himmlische Ruhe suchen. Sie werden aber von denen gemieden, die keine langen Einstiege in die Hochgebirgsumgebung aus den weitentfernten Abschlüssen der langen Täler mögen. Das gilt auch für das Tal **Javorová dolina***. Der grünmarkierte Pfad verläßt Javorina und steigt bis zum Ende eines 12,5 km langen Gletschertales. Der Weg führt größtenteils durch Wald, einzelne Hochwiesen bieten schöne Aussichten auf die Gruppe des Ľadový štít (2 627 m) im Tatra-Hauptkamm. Auf der Westseite des Tales liegt der massive Horst von Široká (2 210 m). Im Kalkstein, ein in der Hohen Tatra selten vorkommendes Gestein, befinden sich einige Karsthöhlen. Beim Einstieg in den Krummholzgürtel tauchen die massiven Nordwände der Javorové štíty auf.
Der Pfad überwindet die Schwelle zur Terrase des Sees **Žabie Javorové pleso**** in einer Höhe von 1 886 m. Der Bergsee ist mit einer Fläche von 1,67 ha der größte, und mit 16 m auch der tiefste Bergsee des Tales Javorová. Am anstrengendsten ist der letzte Teil des Aufstiegs in den Sattel **Sedielko**** (2 372 m). Der Weg steigt über Serpentinen steil nach oben, bis in den höchstgelegenen, zugänglichen Sattel der Tatra, hinter dem sich das Tal Malá Studená dolina befindet. Vom Sattel Sedielko aus haben die Touristen die Möglichkeit, auf gleichem Wege nach Javo-

Panorama der Tatra

1 Biela voda 2 Talabschluss von Bielovodská dolina

rina zurückzukehren oder weiter über Térys Hütte nach Hrebienok weiterzugehen und so erfolgreich die Hohe Tatra zu überqueren. Unter Touristen ist auch der Ausflug in das Tal Zadné Meďodoly beliebt. Die ganze Route folgt einem alten Schmugglerweg, auf dem die Schmuggler einst ihre Ware zwischen Polen und Ungarn transportierten. Dieser Weg war bei ihnen beliebt, da der Paß über Kopské sedlo, die einfachste Stelle zur Überwindung des östlichen Teiles des Tatra-Hauptkammes ist. Der erste Abschnitt der Wanderung führt von Javorina bis nach Poľana nad Muráňom auf dem grün markierten Pfad. Hinter der Hütte der TANAP-Verwaltung biegt eine blaue Markierung nach links ab, um den Touristen in das Tal **Zadné Meďodoly** [Hintere Kupferminen] zu führen. In das Tal gelangt man durch eine Felsschlucht, die Bránka heißt. Im Norden ragt der Kalkstein-Dolomiten-Kamm der Belianske Tatry in den Himmel. Der Name des Tales zeigt, daß dort früher Kupfer gefördert wurde. Neben den Bergleuten stiegen auch Hirten gern mit ihren Schaf- und Viehherden hier herauf. Den Aufstieg zum Sattel **Kopské sedlo**** (1 750 m) ermöglicht ein über mehrere Mulden und Rippen des Belaer Kalkalpenkammes traversierender Pfad. Aus dem breiten, grasbewachsenen Sattel bietet sich eine wunderschöne Aussicht auf die klippenartigen Gipfel der Belianske Tatry, sowie der Hohen Tatra.

LYSÁ POĽANA (970 m ü.d.M.) ist die letzte Ortschaft auf dem „Weg der Freiheit" Richtung Polen. Von Ždiar ist es 13 km entfernt. Es liegt an der Mündung von Bielovodská dolina in die Podtatranská-Furche. Der mächtige Bach Biela voda (polnisch Białka) teilt die Ortschaft in die slowakische Lysá Po-

ľana und die polnische Łysa Polana. Sie werden von einer Brücke, die als slowakisch-polnischer Grenzübergang dient, verbunden.

Von Lysá Poľana aus kann man einen Spaziergang zum **Nationalen Naturreservat Bielovodská dolina** [Weißwassertal] unternehmen. Dieses größte Tal der Tatra gehört wirklich zu ihren landschaftlich schönsten Gebieten. Der untere Abschnitt des Gletschertroges bietet die Möglichkeit eines angenehmen und bequemen Spazierganges in der stillen Natur, wobei sich Fichtenwälder mit saftiggrünen Bergwiesen abwechseln. Von den Wiesen des Tales Bielovodská dolina hat man einen wunderschönen Panoramablick auf die graue Silhouette der Tatra-Gipfel, die in keinem Bildband über die Tatra fehlt.

Ehrgeizige Bergsteiger werden die Hohe Tatra über den polnischen Kamm überqueren. Der blau markierte Wanderweg, der durch das Tal

1

Bielovodská dolina aufsteigt, ist Teil des längsten und anstrengendsten Tatra-Passes. Das mächtige Tal Bielovodská dolina bietet eine schöne Hochgebirgsszenerie, die von den Wanderern auf beiden Seiten verfolgt werden kann. Der Weg folgt dem Bergbach Biela voda. Anstrengend ist der Abschnitt über die Schwelle zu Kačacia dolina, auf der sich der wundervolle **Hviezdoslav Wasserfall**** gebildet hat. Der Wasserfall überwindet einen Höhenunterschied von 15 m. Er ist auch als Kačací Wasserfall bekannt. **Kačacia dolina** [Entental] gehört ohne Frage zu den schönsten Tälern der Tatra.

Der Wanderweg umgeht das Ententál und wechselt in das Nachbartal **Litvorová dolina** mit einem gleichnamigen Bergsee und einer gleichnamigen Bergspitze über dem Tal.

Links am Weg liegt der höher gelegene Bergsee **Zamrznuté pleso**** [Der Zugefrorene See]. Der Wasserspiegel des Sees liegt 2 047 m ü.d.M. im kalten Schatten der Nordwand des Tatra-Hauptkammes, und bekam deshalb den Namen - Der Zugefrorene. Der Weg gabelt sich oberhalb des Bergsees und ermöglicht den Touristen die Wahl des längeren oder des kürzeren Übergan-

2

ges zur Südseite der Hohen Tatra.

Die kürzere Route führt auf einer grünen Markierung über den **Sattel Poľský hrebeň**** [Der polnische Kamm] (2 200 m) in das Tal Velická dolina. Die längere Route führt auf dem blau markierten Wanderweg in den Sattel **Prielom**** (2 288 m), über den die Wanderer in das Tal Veľká Studená dolina gelangen.

1 Bergwiese Biela voda **2** Belianske Tatry von der Spitze Lomnický štít aus **3** Alojz Struhár „Hohe Tatra"

10 FUSSWANDERUNGEN

1 Zum Kriváň von Tri studničky aus

Lage: Hohe Tatra - westlicher Teil.
Ausgangs- und Zielpunkt: Tri studničky, Haltestelle SAD, Parkplatz.
Zeitplan: Tri studničky - Pod Kriváňom 2 ½ Stdn. - Kriváň ½ Std. - Pod Kriváňom ½ Std. - Jamské pleso 1 ½ Stdn. - Tri studničky 1 Std.
Insgesamt: 6 Stdn. **Höhenunterschied:** 1 354 m. **Karte:** Vysoké Tatry 1 : 50 000 (Blattnr. 113), VKÚ, a. s., Harmanec.
Schwierigkeitsgrad: Anspruchsvolle ganztägige Hochgebirgstour mit anstrengendem Auf- und Abstieg. Die Orientierung ist problemlos.

2 Auf Predné Solisko hinauf

Lage: Hohe Tatra - westlicher Teil.
Ausgangs- und Zielpunkt: Štrbské Pleso, Haltestelle SAD, Haltestelle ŽSR, Parkplatz.
Zeitplan: Štrbské Pleso - Chata Pod Soliskom 1 ¾ Stdn. - Predné Solisko 1 Std. - Chata Pod Soliskom ½ Std. - Furkotská dolina ¼ Std. - Pod Furkotskou dolinou 1 Std. - Štrbské Pleso ¾ Std. **Insgesamt:** 5 ¼ Stdn. **Höhenunterschied:** 738 m. **Karte:** Vysoké Tatry 1 : 50 000 (Blattnr. 113), VKÚ, a. s., Harmanec.
Schwierigkeitsgrad: Mittelschwere Hochgebirgstour. Wenn wir den von Štrbské Pleso verkehrenden Sessellift benutzen, erleichtern wir uns den Ausflug erheblich. Die Orientierung ist problemlos.

3 Durch die Täler Mlynická und Furkotská dolina

Lage: Hohe Tatra - westlicher Teil.
Ausgangs- und Zielpunkt: Štrbské Pleso, Haltestelle SAD, Haltestelle ŽSR, Parkplatz.
Zeitplan: Štrbské Pleso - Skok 1 ¾ Stdn. - Bystré sedlo 2 Stdn. - Furkotská dolina 2 Stdn. - Chata pod Soliskom ¼ Std. - Štrbské Pleso 1 ¾ Stdn. **Insgesamt:** 7 ¾ Stdn. **Höhenunterschied:** 959 m. **Karte:** Vysoké Tatry 1 : 50 000 (Blattnr. 113), VKÚ, a. s., Harmanec.
Schwierigkeitsgrad: Anspruchsvolle ganztägige Hochgebirgstour. Der anstrengendste Abschnitt ist der letzte, mit Ketten gesicherte Aufstieg zum Sattel Bystré sedlo.

4 Zum See Popradské pleso

Lage: Hohe Tatra - westlicher Teil.
Ausgangs- und Zielpunkt: Štrbské Pleso, Haltestelle SAD, Haltestelle ŽSR, Parkplatz.
Zeitplan: Štrbské Pleso - Nad Popradským plesom ¾ Std. - Popradské pleso ¾ Std. - Symbolický cintorín ½ Std. - Popradské pleso–Haltestelle 1 Std. - Štrbské Pleso ½ Std.
Insgesamt: 3 ½ Stdn. **Höhenunterschied:** 270 m. **Karte:** Vysoké Tatry 1 : 50 000 (Blattnr. 113), VKÚ, a. s., Harmanec.
Schwierigkeitsgrad: Anspruchslose Halbtagstour mit einfacher Orientierung. In der Hütte Chata Popradské pleso gibt es Möglichkeit für eine Erfrischung.

5 Zum Rysy

Lage: Hohe Tatra - westlicher Teil.
Ausgangs- und Zielpunkt: Štrbské Pleso, Haltestelle SAD, Haltestelle ŽSR, Parkplatz.
Zeitplan: Štrbské Pleso - Nad Žabím potokom 1 ¾ Stdn. - Chata pod Rysmi 1 ¾ Stdn. - Váha ¼ Std. - Rysy ¾ Std. - Chata pod Rysmi ¾ Std. - Nad Žabím potokom 1 ¼ Stdn. - Popradské pleso-Haltestelle 1 ½ Stdn. - Štrbské Pleso ½ Std. **Insgesamt:** 8 ½ Stdn. **Höhenunterschied:** 1 250 m. **Karte:** Vysoké Tatry 1 : 50 000 (Blattnr. 113), VKÚ, a. s., Harmanec.
Schwierigkeitsgrad: Anspruchsvolle ganztägige Hochgebirgstour. Der anstrengendste Abschnitt, des Auf- und Abstieges ist die mit Ketten gesicherte Felsstufe unter der Hütte Chata pod Rysmi. Auf den Gipfel Rysy führt auch von der polnischen Seite ein Weg.

6 Auf Východná Vysoká hinauf

Lage: Hohe Tatra - mittlerer Teil.
Ausgangspunkt: Tatranská Polianka, Haltestelle SAD, Haltestelle ŽSR, Parkplatz.
Zielpunkt: Starý Smokovec, Haltestelle SAD, Haltestelle ŽSR, Parkplatz.
Zeitplan: Tatranská Polianka - Velický most 1 Std. - Sliezsky dom 1 Std. - Poľský hrebeň 2 Stdn. - Východná Vysoká ¾ Std. - Poľský hrebeň ½ Std. - Sliezsky dom 1 ½ Stdn. - Velická poľana ¼ Std. - Starý Smokovec 1 ½ Stdn.
Insgesamt: 8 ½ Stdn. **Höhenunterschied:** 1 424 m. **Karte:** Vysoké Tatry 1 : 50 000 (Blattnr. 113), VKÚ, a. s., Harmanec.

Schwierigkeitsgrad: Anspruchsvolle ganztägige Hochgebirgstour. Der Aufstieg auf Východná Vysoká ist anstrengend, jedoch technisch anspruchslos. Die Orientierung ist nur bei schlechten Wetterbedingungen erschwert und dies besonders zwischen Poľský hrebeň und Východná Vysoká. Notunterkunft und Erfrischung bietet das Berghotel Sliezsky dom.

7 Zum Slavkovský štít

Lage: Hohe Tatra – mittlerer Teil.
Ausgangs- und Zielpunkt: Starý Smokovec, Haltestelle SAD, Haltestelle ŽSR, Parkplatz.
Zeitplan: Starý Smokovec – Slavkovská vyhliadka 1 ½ Stdn. – Slavkovský štít 3 ¾ Stdn. – Slavkovská vyhliadka 3 ¼ Stdn. – Starý Smokovec ¾ Std. **Insgesamt:** 9 ¼ Stdn. **Höhenunterschied:** 1 442 m. **Karte:** Vysoké Tatry 1 : 50 000 (Blattnr. 113), VKÚ, a. s., Harmanec.
Schwierigkeitsgrad: Mittelschwere anspruchsvolle ganztägige Hochgebirgstour. Technisch ist sie verhältnismäßig einfach, die Anstrengung des Aufstieges ist vor allem durch ihren Höhenunterschied gegeben.

8 Durch die Täler Malá und Veľká Studená dolina

Lage: Hohe Tatra – mittlerer Teil.
Ausgangspunkt: Skalnaté pleso. **Zielpunkt:** Starý Smokovec, Haltestelle SAD, Haltestelle ŽSR, Parkplatz.
Zeitplan: Skalnaté pleso – Zamkovského chata 1 Std. – Téryho chata 2 Stdn. – Priečne sedlo 1 ½ Stdn. – Zbojnícka chata 1 ½ Stdn. – Rainerova chata 2 Stdn. – Hrebienok ½ Std. – Starý Smokovec ½ Std. **Insgesamt:** 9 Stdn. **Höhenunterschied:** 1 342 m. **Karte:** Vysoké Tatry 1 : 50 000 (Blattnr. 113), VKÚ, a. s., Harmanec.
Schwierigkeitsgrad: Anspruchsvolle ganztägige Hochgebirgstour. Der anstrengendste Abschnitt der Tour beginnt an der Felsstufe unterhalb der Hütte Téryho chata und endet an einer ähnlichen Stelle unter der Hütte Zbojnícka chata. Erhöhte Aufmerksamkeit erfordert der anstrengende und technisch anspruchsvolle Aufstieg im Paß Priečne sedlo von Téryho chata aus. Seine am meisten exponierten Stellen sind mit Ketten gesichert. Auf der Route können auch während des Sommers gefährliche Schneefelder auftreten. Erfrischung und gegebenenfalls Notunterkunft mit Übernachtungsmöglichkeit bieten die Hütten Téryho und Zbojnícka chata.

9 Zum See Zelené pleso

Lage: Hohe Tatra – östlicher Teil.
Ausgangs- und Zielpunkt: Tatranská Lomnica, Haltestelle SAD, Haltestelle ŽSR, Parkplatz.
Zeitplan: Tatranská Lomnica – Skalnaté pleso 2 ¾ Stdn. – Sedlo pod Svišťovkou 1¼ Stdn. – Zelené pleso 1 Std. – Kovalčíkova poľana 1 ½ Stdn. – Štart 1 ½ Std. – Tatranská Lomnica ¾ Std. **Insgesamt:** 8 ¾ Stdn. **Höhenunterschied:** 1 180 m. **Karte:** Vysoké Tatry 1 : 50 000 (Blattnr. 113), VKÚ, a. s., Harmanec.
Schwierigkeitsgrad: Mittelschwere anspruchsvolle ganztägige Hochgebirgstour mit verhältnismäßig großem Höhenunterschied auf guten Wanderwegen. Möglichkeiten für Rast, Erfrischung und Notunterkunft bieten die Einrichtungen auf Skalnaté pleso und die Hütte Chata pri Zelenom plese.

10 Zum Jahňací štít

Lage: Hohe Tatra – östlicher Teil.
Ausgangspunkt: Biela voda, Haltestelle SAD, Parkplatz. **Zielpunkt:** Tatranské Matliare, Haltestelle SAD, Parkplatz. **Zeitplan:** Biela voda – Šalviový prameň 1 Std. – Kovalčíkova poľana ¼ Std. – Chata pri Zelenom plese 1 ¾ Stdn. – Jahňací štít 2 Stdn. – Chata pri Zelenom plese 1 ¾ Stdn. – Kovalčíkova poľana 1 ½ Stdn. – Pod Šalviovým prameňom ¾ Std. – Tatranské Matliare 1 Std. **Insgesamt:** 10 Stdn. **Höhenunterschied:** 1 345 m. **Karte:** Vysoké Tatry 1 : 50 000 (Blattnr. 113), VKÚ, a. s., Harmanec.
Schwierigkeitsgrad: Anspruchsvolle ganztägige Hochgebirgstour mit relativ großer Länge und großem Höhenunterschied. Der einzige technisch anspruchsvolle Abschnitt ist der abschließende Aufstieg auf Jahňací štít. Das Verlassen des touristischen Weges im Massiv Jahňací štít ist sehr gefährlich! Als Notunterkunft bzw. als Übernachtungsplatz kann man die Hütte Chata pri Zelenom plese benutzen, die ausgezeichnete Gelegenheit für kurze Rast und Erfrischung bietet.

5 RADWANDERUNGEN

1. Auf dem Weg der Freiheit

Richtung: Liptovský Hrádok - Podbanské (18 km) - Kreuzung Štrbské Pleso (15,5 km) - Starý Smokovec (14 km) - Kreuzung Kežmarské Žľaby (9,5 km) - Kežmarok (11 km).
Streckenlänge: 68 km.
Höhenunterschied: 700 m.
Kurze Beschreibung: Die Route verbindet zwei bedeutende Tourismuszentren im breiteren Hinterland der Hohen Tatra - Liptovský Hrádok und Kežmarok. Sie führt auf dem Weg der Freiheit (Cesta slobody), der die wichtigsten Fremdenverkehrszentren der Tatra verbindet, zum Teil durch Talkessel und zum Teil am Bergfuß der Hohen Tatra entlang. Auf der Route gibt es eine große Steigung. Sie ist ohne Probleme auch mit gewöhnlichen Fahrrädern zu bewältligen.
Karte: Wanderkarte Tatry-Spiš-Zamagurie 1 : 100 000 (Blattnr. 3) aus der Edition Radwanderkarten von VKÚ Harmanec.

2. Durch die Täler Tichá und Kôprová dolina

Richtung: Podbanské - Talabschluß von Tichá dolina (11 km) - Abzweigung ins Tal Kôprova dolina (8 km) - Talabschluß von Kôprova dolina (5 km) - Podbanské (8 km) .
Streckenlänge: 32 km.
Höhenunterschied: 510 m.
Kurze Beschreibung: Die Route führt durch das Tal Tichá dolina, das längste Tal der Tatra, touristisch wird es für einen Teil der Hohen Tatra gehalten, geomorphologisch gehört es aber zur West-Tatra.
Karte: Wanderkarte Tatry-Spiš-Zamagurie 1 : 100 000 (Blattnr. 3) aus der Edition Radwanderkarten von VKÚ Harmanec.

3. Popradské pleso

Richtung: Štrbské Pleso - Abzweigung am Weg der Freiheit (3 km) - Popradské pleso (4 km) - Abzweigung am Weg der Freiheit (4 km) - Štrbské Pleso (3 km).
Streckenlänge: 14 km.
Höhenunterschied: 290 m.
Kurze Beschreibung: Die Route führt durch das Tal Mengusovská dolina über den Weg der Freiheit zum Popradské pleso, einem der meistbesuchten Bergseen der Tatra.
Karte: Wanderkarte Tatry-Spiš-Zamagurie 1 : 100 000 (Blattnr. 3) aus der Edition Radwanderkarten von VKÚ Harmanec.

4. Durch das Tal Velická dolina

Richtung: Starý Smokovec - Abzweigung am Weg der Freiheit (4 km) - Sliezsky dom (7 km) - Abzweigung am Weg der Freiheit (7 km) - Starý Smokovec (4 km).
Streckenlänge: 22 km.
Höhenunterschied: 650 m.
Kurze Beschreibung: Extremaufstieg ins Hochgebirge. Nur für gut trainierte und erfahrene Fahrer! Die zweite höchstgelegene Strasse der Slowakei mit festem Belag.
Karte: Wanderkarte Tatry-Spiš-Zamagurie 1 : 100 000 (Blattnr. 3) aus der Edition Radwanderkarten von VKÚ Harmanec.

5. Zum Hrebienok

Richtung: Starý Smokovec - Hrebienok (2,5 km) - Starý Smokovec (2,5 km)
Streckenlänge: 5 km.
Höhenunterschied: 275 m.
Kurze Beschreibung: Die Route führt von der größten Gemeinde der Tatra, Starý Smokovec, zum Hrebienok - einem populären Ausgangspunkt in die Täler Veľká und Malá Studená dolina. Kurze, aber anstrengende Steigung.
Karte: Wanderkarte Tatry-Spiš-Zamagurie 1 : 100 000 (Blattnr. 3) aus der Edition Radwanderkarten von VKÚ Harmanec.

SKIFAHREN

PARK SNOW VYSOKÉ TATRY – ŠTRBSKÉ PLESO

Gebirge: Vysoké Tatry – Hohe Tatra
Höhe ü.d.M.: 1400 - 1840 m
Skisaison: 15. 12. – 15. 4.
Anzahl der Lifte: 2+3
Beförderungskapazität Personen/Stunde: 4700
Pisten: 6
Schweregrad: leicht/mittel/schwierig 1/5/0
Gesamtlänge der Abfahrtspisten: 5,3 km
Gesamtlänge der Loipen: 10 km
Kunstschnee Beschneiung
Nachtbeleuchtung
Attraktionen: Skikjöring, Bungee-Jumping, Paragliding, Snowboarding, Fun Park- Snowtubing, Snowrafting, Airboarding
Dienstleistungen: Skischule, Verleih, Service, Internet, gratis Skibus, Gepäckaufbewahrung
Kontakt: 1.Tatranská, a.s., Prešovská 39, BA, Park snow Vysoké Tatry, 059 85 Štrbské Pleso, Tel.: +421/52/449 23 43, 052/449 81 01, Fax: +421/52/449 24 40, E-Mail: infotatry@-parksnow.sk, www.parksnow.sk

STARÝ SMOKOVEC – HREBIENOK, JAKUBKOVA LÚKA

Gebirge: Vysoké Tatry – Hohe Tatra
Höhe ü.d.M.: 1025 – 1480 m
Skisaison: 15. 12. – 15. 4.
Anzahl der Lifte: 1+5
Beförderungskapazität Personen/Stunde: 4740
Pisten: 4
Schweregrad: leicht/mittel/schwierig 3/0/1
Gesamtlänge der Abfahrtspisten: 3873 m
Gesamtlänge der Loipen: 3 km
Kunstschnee Beschneiung
Nachtbeleuchtung
Attraktionen: Schlittenbahn, nächtliche Schlittenfahrten, Kindercenter
Dienstleistungen: Skischule, Skiverleih, Service, Verkauf von Sportausrüstung, gratis Skibus, kostenloser Parkplatz
Kontakt: Tatranské lanové dráhy, a.s., 059 60 Tatranská Lomnica, Tel.: +421/ 52/ 446 78 84, +421/ 52/ 442 25 32 Fax: +421/ 52/ 446 76 18, E-Mail: info@tldtatry.sk. www.tldtatry.sk

TATRANSKÁ LOMNICA – SKALNATÉ PLESO, LOMNICKÉ SEDLO, JAMY

Gebirge: Vysoké Tatry – Hohe Tatra
Höhe ü.d.M.: 850 - 2196 m
Skisaison: 15. 12. – 30. 4.
Anzahl der Lifte: 2+3
Beförderungskapazität Personen/Stunde: 3480
Pisten: 6
Schweregrad: leicht/mittel/schwierig 1/3/2
Gesamtlänge der Abfahrtspisten: 5,97 km
Gesamtlänge der Loipen: 5 km
Kunstschnee Beschneiung
Nachtbeleuchtung
Attraktionen: Eisturm, Touristenzug TULIBUS, Bergbahn TATRABOB, Skikjöring, Eisfläche, Tennishalle
Dienstleistungen: Skischule, Skiverleih, Service, Verkauf von Sportausrüstung, gratis Skibus, kostenloser Parkplatz
Kontakt: Tatranské lanové dráhy, a.s., 059 60 Tatranská Lomnica, Tel.: +421/ 52/ 446 78 84, +421/ 52/ 446 72 08, Fax: +421/ 52/ 446 76 18, E-Mail: info@tldtatry.sk, www.tldtatry.sk

ŽDIAR – STREDNICA

Gebirge: Vysoké Tatry – Hohe Tatra
Höhe ü.d.M.: 967 - 1057 m
Skisaison: 15. 12. – 15. 4.
Anzahl der Lifte: 9
Beförderungskapazität Personen/Stunde: 6080
Pisten: 7
Schweregrad: leicht/mittel/schwierig 7/0/0
Gesamtlänge der Abfahrtspisten: 2,13 km
Gesamtlänge der Loipen: 20 km
Kunstschnee Beschneiung
Nachtbeleuchtung
Dienstleistungen: Skischule, Verleih, Service
Kontakt: SKICENTRUM STREDNICA - ŽDIAR, a.s., 059 55 Ždiar 350, Tel:+421/52/ 449 81 06 +421/52/478 32 06, Fax: +421/52/ 478 32 07, E-Mail: skicentrum@strednica.sk, www.strednica.sk

PRAKTISCHE INFORMATIONEN

Bergrettungsdienst - Horská služba

- Tatranská horská služba Š. L. TANAP-u, Dom HS, 062 01 Starý Smokovec 23 tel. 052/442 28 20, 442 28 55

Grenzübergänge (slowakisch-polnische) - **Hraničné priechody**

Fußwege-Grenzübergänge:

- Rysy-Rysy, 1.7. - 30.9., 7.00 - 19.00 Uhr

Straßen-Grenzübergänge:

- Lysá Poľana (nonstop), tel.: 052/449 91 96
- Podspády-Jurgow, tel.: 052/449 91 96

Hütten - Chaty

- Bílikova chata, Starý Smokovec, Tel.: 052/442 24 39, 442 22 67
- Chata Plesnivec, Slnečná 52, Spišská Belá,Tel.: 0905 256 722
- Chata pod Rysmi, Štrbské Pleso, Tel.. 052/442 23 14, 0903 181 051
- Chata pod Soliskom, Hotel FIS, Štrbské Pleso, Tel.. 0905 652 036, 0907 949 442
- Chata na Popradskom plese, Relief spol. s. r. o., Štrbské Pleso, Tel.: 052/449 27 67, 0908 761 403, 0910 948 168
- Chata pri Zelenom plese, Tatranská Lomnica, Tel.: 052/446 74 20, 0903 467 420
- Rainerova chata, M. Lányiho 19, Kežmarok, Tel.: 052/452 41 03, 0907 910 559
- Skalnatá chata, Tatranská Lomnica, Tel. 052/446 70 75, 0903 247 656
- Sliezsky dom, Tatranská Polianka, Tel. 052/442 52 61
- Téryho chata, Starý Smokovec, P.O.BOX 6, Tel. 052/442 52 45, 0905 893 233
- Zamkovského chata, Starý Smokovec, Tel. 052/442 26 36, 0905 554 471
- Zbojnícka chata, Starý Smokovec, Tel. 0903 619 000, 0903 638 000

Wanderwege - Chodníky

(Von 1. November bis 30. Juni gesperrt)

1. Bielovodská dolina von der Bergwiese Biela voda - blaue Marke
2. Javorová dolina von der Gabelung Pod Muráňom - grüne Marke
3. Zadné Meďodoly vom Forsthaus Pod Muráňom - blaue Marke
4. Monkova dolina - Široké sedlo - Kopské sedlo - grüne Marke (Lehrpfad)
5. Kopské sedlo vom See Biele pleso - blaue Marke
6. Jahňací štít vom See Zelené pleso - gelbe Marke
7. Veľká Svišťovka vom See Zelené pleso - rote Marke
8. Veľká Svišťovka von Huncovská vyhliadka - rote Marke
9. Malá Studená dolina von der Hütte Téryho chata - grüne und gelbe Marke
10. Veľká Studená dolina von der Hütte Zbojnícka chata - blaue und gelbe Marke
11. Slavkovský štít von Slavkovská vyhliadka bei Schnee - blaue Marke
12. Velická dolina von Velické pleso - grüne Marke
13. Rysy von der Gabelung Nad Žabím potokom - rote Marke

14. Mengusovská dolina von der Gabelung Nad Žabím potokom - blaue Marke
15. Tatranská magistrála Sliezsky dom - Popradské pleso bei Schnee - rote Marke
16. Mlynická dolina vom Wasserfall Skok - gelbe Marke
17. Furkotská dolina von der Gabelung auf Tatranská magistrála - gelbe Marke
18. Furkotská dolina von der Hütte Chata pod Soliskom - blaue Marke
19. Kriváň von der Gabelung beim See Jamské pleso - blaue Marke
20. Kriváň vom Forsthaus Tri studničky - grüne Marke

Informationen - Informácie

Fremdenverkehrsinformationen erteilen einige Büros des Informations- und Werbedienstes in ausgesuchten Städten.

- Združenie cestovného ruchu Vysoké Tatry, Dom služieb 24
  062 01 Starý Smokovec, Tel.: 052/442 52 30, zcr@tatryinfo.sk
- Tatranská informačná kancelária, Dom služieb 24, 062 01 Starý Smokovec, Tel. 052/442 34 40, tikss@tatryinfo.sk, www.tatry.sk, www.tatryinfo.sk www.tatryinfo.eu
- Tatranská informačná kancelária, Informačné centrum TANAP-u
  059 85 Štrbské Pleso, Tel. 052/449 23 91
- Tatranská informačná kancelária Tatranská Lomnica
  Informačné centrum, Tel. 052/446 81 19, tiktl@tatryinfo.sk
- Popradská informačná agentúra, Nám. sv. Egídia 15, 058 42 Poprad
  Tel. 052/161 86, Tel./Fax: 052/772 13 94, 772 17 00
  infopp@msupoprad.sk, www.poprad.sk
- Kežmarská informačná agentúra, Hlavné nám. 46, 060 01 Kežmarok
  Tel. 052/452 40 47, info@kezmarok.net

Nationalpark - Národný park

- Verwaltung TANAP-u, 059 41 Tatranská Štrba 75
  Tel.: 052/478 20 01, Fax: 052/448 42 17

Höhle - Jaskyňa

- Belianska jaskyňa, Tatranská Kotlina, tel. 052/446 73 75
  www.ssj.sk, belianj@ssj.sk, vstupy na www.ssj.sk

Aussichtsflüge - Vyhliadkové lety

- Aeroklub Poprad, Tel. 052/772 26 34
- TLS air s.r.o. letisko Poprad, Tel. 052/776 38 75, 776 16 26
- Crystal Ski, 059 85 Štrbské Pleso, Tel./Fax: 052/449 28 34

Stadtamt Vysoké Tatry - Mestský úrad Vysoké Tatry

Starý Smokovec 1, 062 01 Starý Smokovec, Vysoké Tatry
Tel.: 052/478 04 19, Fax: 052/478 04 59, msu@vysoketatry.sk, www.vysoketatry.sk

SLOVNÍK	SŁOWNIK	WÖRTERBUCH	DICTIONARY
brána	brama	Tor	gate
cesta	droga	Weg	road
dolina	dolina	Tal	valley
dom	dom	Haus	house
hora	góra	Berg	mountain
horáreň	lesniczówka	Forsthaus	forester´s house
horská služba	Pogotówie górskie	Bergdienst	mountaineering
hostinec	gospoda	Wirtshaus	inn
hrad	zamek	Burg	castle
hranica	granica	Grenze	border
hrebeň	grań	Kamm	ridge
chata	schronisko	Hütte	cottage
jaskyňa	jaskinia	Höhle	cave
jazero	jezioro	See	lake
kaplnka	kaplica	Kapelle	chapel
kostol	kościół	Kirche	church
kotol	kocioł	Kessel	cauldron
kúpalisko	basen, kapielisko	Schwimmbad	swimming pool
kúpele	uzdrowisko	Bad	spa
lanovka	kolejka linowa	Seilbahn	funicular
les	las	Wald	forest
mesto	miasto	Stadt	town
nábrežie	nabrzeże	Ufer	embankment
námestie	plac, rynek	Platz	square
ostrov	wyspa	Insel	island
pamätník	pomnik	Denkmal	monument
planina	płaskowyż	Ebene	plain
pleso	górskie jezioro	Bergsee	mountain lake
potok	potok	Bach	brook
prameň	źródło	Quelle	spring
priepasť	przepaść	Schlucht	chasm
rázcestie	rozwidlenie	Gabelung	crossroads
reťaz	łańcuch	Kette	chain
rieka	rzeka	Fluß	river
roklina	wąwóz	Klamm	ravine
sad	park, sad	Park	orchard
sedlo	przełęcz, siodło	Sattel	mountain saddle
skanzen	skansen	Freilichtmuseum	open-air museum
stena	ściana	Wand	wall
strom	drzewo	Baum	tree
studňa	studnia	Brunnen	well
svah	stok, zbocze	Hang	slope
štít	szczyt	Spitze	peak
teplý prameň	gorące źródło	Thermalquelle	thermal spring
útulňa	chata	Unterstand	shelter
veža	wieża, turnia	Turm	tower
vrch	szczyt, góra	Hügel	mountain
vrchovina	wyżyna	Bergland	highlands
železnica	kolej	Bahnlinie	railway